www.ingramcontent.com/pod-product-compliance
Lightning Source LLC
LaVergne TN
LVHW021224080526
838199LV00089B/5826
* 9 7 8 9 3 5 8 7 2 6 5 4 1 *

درد سے دوستی

(افسانے)

مسرور جہاں

© Masroor Jahan

Dard se Dosti *(Short Stories)*
by: Masroor Jahan
Edition: October '2024
Publisher :
Taemeer Publications LLC (Michigan, USA / Hyderabad, India)

ISBN 978-93-5872-654-1

9 789358 726541

مصنفہ یا ناشر کی پیشگی اجازت کے بغیر اس کتاب کا کوئی بھی حصہ کسی بھی شکل میں بشمول ویب سائٹ پر اَپ لوڈنگ کے لیے استعمال نہ کیا جائے۔ نیز اس کتاب پر کسی بھی قسم کے تنازع کو نمٹانے کا اختیار صرف حیدرآباد (تلنگانہ) کی عدلیہ کو ہو گا۔

© مسرور جہاں

کتاب	:	**درد سے دوستی** (افسانے)
مصنفہ	:	**مسرور جہاں**
صنف	:	فکشن
ناشر	:	تعمیر پبلی کیشنز (حیدرآباد، انڈیا)
سالِ اشاعت	:	۲۰۲۴ء
صفحات	:	۱۲۰
سرورق ڈیزائن	:	تعمیر ویب ڈیزائن

فہرست

(۱)	جذبوں کی رہگذر	6
(۲)	ایک شجر ایسا	16
(۳)	ان دیکھا ہاتھ	25
(۴)	گیا وقت نہیں۔۔۔	31
(۵)	لیلی مجنوں	36
(۶)	تلاش	44
(۷)	وراثت	54
(۸)	حق بہ حق دار	64
(۹)	سکھ سنسار	71
(۱۰)	پچھلا دروازہ	80
(۱۱)	فرصت کے رات دن	90
(۱۲)	بند گلی کا آخری مکان	97
(۱۳)	ہمیں جینے دو	107
(۱۴)	درد سے دوستی	113

جذبوں کی رہ گذر

پھول پور کے چھوٹے سے اسٹیشن پر گاڑی رکی تو وہ اپنا سوٹ کیس اٹھائے ڈبے سے اترا۔ پلیٹ فارم پہلے جیسا ہی تھا۔ لوہے کی دونوں بنچیں زنگ آلود ہو چکی تھیں اور اسٹیشن ماسٹر کا اکلوتا کمرہ اور زیادہ بدرنگ اور پرانا ہو گیا تھا۔ یعنی اس کے گاؤں کے لئے ترقی کے نام پر سرکاری نظرِ عنایت کا شبہ کرنے کے لئے کچھ نہیں کیا گیا تھا۔ راستے میں جو بجلی کے کھمبے کھڑے نظر آتے تھے ان پر تار تک نہیں کھنچے تھے۔ یعنی اس کا گاؤں اب تک بجلی سے محروم تھا۔ شاید سال دو سال میں یہاں بجلی۔ پہنچ جائے اور اس کا گاؤں جگمگا اُٹھے۔۔۔

وہ اسٹیشن سے باہر آیا تو مریل گھوڑے والا ایک یکہ کھڑا تھا۔ یکہ بان لپک کر اس کے قریب آیا اور اس کا سوٹ کیس تھام لیا۔

"بھیا۔۔۔ کہاں جانا ہے؟" اس نے پوچھا۔

"سیدوں کی حویلی" جواب دیا۔

"یکہ بان نے آنکھیں سکیڑ کر اسے دیکھا، اور ایک دم چیخ پڑا"

"بھیا آپ۔ جمی میاں؟"

اب اس نے بھی یکہ بان کو غور سے دیکھا۔

"ارے رمضان بھائی؟"۔

رمضان نے سوٹ کیس ہاتھ سے رکھا اور اسے لپٹا لیا۔

"میاں بہت دن کے بعد گھر کی یاد آئی؟"۔۔۔

رمضان نے شکوہ کیا۔ وہ شرمندہ ہو گیا۔

''بس کیا کریں بھائی۔ پردیس کی مجبوریاں ایسی ہی ہوتی ہیں۔ کئی بار ارادہ کیا لیکن آ نہیں سکے۔'' آہستہ سے کہا۔ ''اچھا— آؤ میاں گھر چلو۔''

رمضان نے سوٹ کیس یکّے پر رکھ لیا۔ وہ بھی بیٹھ گیا یکّہ آگے روانہ ہو گیا۔

گاؤں میں سب خیریت ہے؟''۔

''کیسی خیریت میاں؟ کبھی سیلاب کبھی سوکھا۔ یہاں تو سب یہی چلتا ہے۔ اللہ جس حال میں رکھے۔''

رمضان نے ٹھنڈی سانس لی۔ جمال نے سوچا ''گاؤں میں ترقی بھلے نہ ہوئی ہو — مادّی آسائشوں نے شہروں کو جن برائیوں میں ملوث کر لیا ہے— وہ ابھی یہاں نہیں پہنچیں۔ خلوص، محبت، اپنائیت اور قناعت جیسی قیمتی دولت سے اس کا گاؤں اب بھی مالا مال ہے۔ راستے میں ہرے بھرے کھیت، آم اور امرود کے باغ، کنویں، رہٹ اور پرانی نہر ایک ایک کر کے گزرتے رہے۔ حتّی کہ حویلی آ گئی۔ اس نے ایک نظر احاطے کے بڑے پھاٹک پر ڈالی۔ یکّہ اندر جا کر برآمدے کے سامنے رک گیا۔ رمضان نے سوٹ کیس برآمدے میں رکھ دیا۔ جمال نے اتر کر جیب سے پرس نکالا۔ اور دس کا نوٹ رمضان کی طرف بڑھایا تو وہ چونک کر پیچھے ہٹ گیا۔

''یہ کیا جمّی میاں؟ اب تم اس عمر میں ہمیں شرمندہ کرو گے؟'' اس نے شکوہ کیا۔

''— لیکن رمضان بھائی —''

''کچھ نہیں۔ اب خیر سے اندر جاؤ۔ پھر ملیں گے''—

رمضان نے گھوڑے کی راس پکڑی اور باہر نکل گیا۔

جمال سوٹ کیس اٹھا کر اندر بڑھ گئے۔

آج کوئی ملازم ان کا سوٹ کیس اٹھانے کے لئے موجود نہیں تھا۔ البتہ حویلی کی ظاہری حالت پہلے سے بہتر نظر آ رہی تھی۔ صحن پار کر کے وہ دالان کی طرف بڑھا۔ آواز دی۔ ''بھائی جان؟۔ کوئی ہے؟''

ایک کمرے سے جو خاتون باہر آئیں انہیں دیکھ کر وہ جذباتی ہو گیا۔ سوٹ کیس رکھ کر ان کی طرف لپکا۔

''بھابھی جان۔ بھابھی جان۔ میں جمال''— گلے میں آنسوؤں کا پھندہ سا لگ گیا۔ اور وہ ان سے لپٹ گیا۔

''ارے جمال میاں— اچانک— نہ کوئی اطلاع نہ خبر''۔

انہوں نے اسے ننھے بچّے کی مانند بانہوں میں سمیٹ لیا۔ اور چھکوں پھکوں رونے لگیں۔ ان کے رونے کی آواز سن کر کمرے سے اٹھارہ انیس برس کی ایک لڑکی باہر آ گئی اور حیرت سے یہ منظر دیکھنے لگی۔ جذبات کا چڑھا ہوا دریا اترا تو جمال نے لڑکی کو دیکھا۔ بھابھی جان نے مسکرا کر کہا۔

''یہ بجیلہ ہے۔ بجیلہ چچا جان کو سلام کرو''—

بجیلہ نے سلام کیا تو جمال نے اسے سینے سے لگا لیا۔

''یہ ماشاء اللہ اتنی بڑی ہو گئی؟ حیرت سے کہا۔ تو بجیلہ شرما گئی۔ بھابھی جان کو ہنسی آ گئی۔

''جب تم گئے ہو تو یہ چار سال کی تھی۔ اب بارہ سال کے بعد آئے ہو۔ حساب لگا لو کتنے موسم بیت گئے۔

''واقعی بھابھی جان! سچ کہا آپ نے بہت وقت بیت گیا۔ چھوٹے اور ننھے کہاں ہیں؟'' سوال کیا۔

''نبیل لندن میں ڈاکٹری پڑھ رہا ہے۔ اور سہیل علی گڑھ میں انجینئرنگ کا کورس کر رہا ہے۔ کبھی شمیل سے بھی ملاقات ہوتی ہے؟''۔

بھابھی جان نے بڑے بیٹے کے بارے میں پوچھا۔ تو جمال نے نفی میں سر ہلا دیا۔

''بڑے ملکوں کی بڑی باتیں۔ بھیّا کون کس کی خبر لے۔ سب اپنے میں مست ہیں۔'' دکھ سے کہا۔

''بھائی جان کہاں ہیں؟''۔

"وہ تو کچہری گئے ہیں۔ آج پیشی تھی۔ آتے ہوں گے۔ تم ہاتھ منہ دھولو۔ دل چاہے نہا ڈالو"۔ مشورہ دیا۔

بجیلہ شربت کا گلاس لے آئی۔ بولی۔

"چچا جان۔ آپ پہلے شربت پی لیں۔ پھر میں کھانا لگا دوں گی۔ تب تک ابو بھی آجائیں گے۔"

جمال نے گلاس تھام لیا۔ محبت سے پوچھا۔

"تم کیا کر رہی ہو۔ کس کلاس میں ہو؟"۔

"ہائی اسکول کا امتحان دیا ہے۔ رزلٹ آجائے تو آگے کا سوچوں گی"۔ بجیلہ نے بڑے اعتماد سے کہا۔ "شاباش۔ یہ دیکھ کر خوشی ہوئی کہ تم سب تعلیم میں دلچسپی رکھتے ہو۔ خوب پڑھو"۔

جمال نے گلاس اسے تھما دیا۔ اور سوٹ کیس سے کپڑے نکالنے لگا۔

دسترخوان پر کمال میاں بھی موجود تھے۔ اور جمال سے اس کے بارے میں پوچھ رہے تھے۔ وہ مناسب جواب دے رہا تھا۔ کمال میاں نے کہا۔

"اپنا بیٹا تو سخت نالائق نکلا۔ سنا ہے امریکہ میں اچھے پیسے کما رہا ہے۔ شادی بھی کر لی ہے۔ لیکن گھر کا اسے بھول کر بھی خیال نہیں آتا۔ اگر تم نے ہمارا ساتھ نہ دیا ہوتا تو سب بچے جاہل رہ جاتے۔ فصل کا کچھ ٹھیک نہیں رہتا مقدمے الگ گلے پڑے ہیں۔ پٹواری نے خاں صاحب سے پیسہ کھا کر ہماری کافی زمین ان کے نام کر دی ہے۔ وہی جو ان کے کھیت سے ملی ہوئی تھی۔"

"زمین کے بھی عجیب معاملات رہتے ہیں۔ آپ نے جب خاں صاحب کے ہاتھ زمین بیچنے سے انکار کر دیا تو انہوں نے یہ چال چلی۔ خیر اللہ مالک ہے۔" جمال نے تسلی دی۔

"ہاں میاں۔ اللہ ہی مالک ہے"۔

کمال میاں نے کھانے سے ہاتھ کھینچ لیا۔ وہ پہلے ہی اپنی پلیٹ کھسکا چکا تھا۔

سیّدوں کی حویلی پھول پور کی شان تھی۔ میلوں تک پھیلے ہوئے کھیت۔ آم،

امرود اور کٹھل کے باغات جن کے کنارے شیشم کے درخت لگے تھے— جو زیادہ پرانے ہو جاتے تھے— کٹوا کر لکڑی فروخت کر دی جاتی تھی— گھر کا فرنیچر اور ضروری سامان بھی شیشم کی لکڑی سے ہی بنایا جاتا تھا— باغوں کی فصل اچھے داموں فروخت ہوتی تھی۔ لیکن خاتمہ زمین داری نے بڑے بڑے زمینداروں کی کمر توڑ دی۔ سیّد صاحب اس صدمے سے بتاشے کی طرح بیٹھ گئے۔ کمال اور جمال— دونوں کمسن تھے— سیدانی نے پرانے منشی اور ملازموں کی مدد سے کسی طرح معاملات سنبھالے— تھوڑے کھیت اور باغ بچ گئے تھے۔ کئی باغ مقدمے بازی کی نذر ہو گئے۔ سیّدوں کی حویلی کی رونق بھی ختم ہو گئی۔ سیدانی کا انتقال ہوا تو کمال سولہ برس کے تھے۔ اور جمال دس سال کا تھا۔ کمال میاں کی پڑھائی چھوٹ گئی۔ وہ زمین اور باغات کے معاملات دیکھنے لگے۔ جمال گاؤں کے اسکول میں پڑھ رہا تھا۔ انہیں دنوں اس کی دوستی سراج سے ہو گئی۔ وہ اکثر اس کے ساتھ اس کے گھر چلا جاتا تھا۔ سراج کی امّی اور آپا اس کا بہت خیال کرتی تھیں۔ چھوٹی بہن شمائلہ بہت نٹ کھٹ تھی۔ جمال سے تو اس کو خدا واسطے کا بیر تھا۔ لیکن اس لڑائی میں بھی بڑا مزہ آتا تھا۔ امّی اور آپا ہمیشہ جمال کی طرف سے اس کو ڈانٹتی تھیں۔ دراصل وہ لوگ سیّدوں کا بہت احترام کرتے تھے۔ خود وہ لوگ شیخ تھے۔ بچّے یہ سب کہاں مانتے تھے۔ نہ جمال کو اپنے سیّد ہونے کا غرور تھا— نہ شمائلہ اس کا رعب مانتی تھی— شمائلہ اسے بہت اچھی لگتی تھی۔ یہی وجہ تھی کہ وہ اس کی شرارتوں کا برا نہیں مانتا تھا۔ دوپہر میں جب گاؤں کے سب لوگ گھروں میں دبکے ہوتے تھے۔ وہ سراج اور شمائلہ کھیتوں اور باغوں میں گھومتے رہتے تھے— آم کی فصل ہوتی تو ان کے مزے آجاتے تھے۔ اپنا باغ چھوڑ کر وہ سب ہمیشہ خان صاحب کے باغ پر دھاوا مارتے تھے— کچے پکے آم توڑ کر بلکہ جھوڑ کر انہیں بہت مزہ آتا تھا۔ باغ کا رکھوالا بھی دوپہر میں اپنی جھونپڑی میں پڑا خراٹے لیتا رہتا تھا۔ اوران کی بن آتی تھی۔ ایک دن خان صاحب کا لڑکا مراد خان ادھر آنکلا۔ اور وہ لوگ رنگے ہاتھوں پکڑے گئے۔ مراد خان ایک نمبر کا اکھڑ۔ تند خو۔ اور غصے ور تھا۔ وہ ان تینوں کو اپنے باپ کے پاس لے گیا۔ خان صاحب ٹھہرے اصل نسل کے پٹھان اب جو انہوں نے اپنے باغ کے آموں کا حشر

دیکھا تو ان کے پٹھانی خون میں ابال آ گیا انہوں نے جمال اور سراج کو مُرغا بنا دیا۔ شمائلہ سے البتہ رعایت کی۔ بس اسے کان پکڑ کر کونے میں کھڑا کر دیا۔ وہ تو اچھا ہوا کہ کسی نے ان کی بیوی کو خبر کر دی۔ اور وہ فوراً ان کی مدد کو آ گئیں۔ شوہر اور بیٹے کو خوب ملامت کی۔ بچوں کی جان سزا سے چھوٹی تو بگٹٹ گھر کی طرف بھاگے۔ دوسرے دن وہ تینوں پھر خان صاحب کے باغ میں موجود تھے۔ اور انتقاماً روز سے زیادہ آم توڑنے کا فیصلہ کیا گیا تھا۔ لیکن مراد خان بھی کم نہیں تھا۔ ان کے انتظار میں رکھوالے کی جھونپڑی میں چھپا بیٹھا تھا۔ ابھی ان لوگوں نے کسی پیڑ کو ہاتھ بھی نہیں لگایا تھا کہ مراد خان سامنے آ گیا۔ آج اس کے ہاتھ میں لاٹھی بھی تھی جو وہ رکھوالے سے لایا تھا۔ اسے دیکھ کر شمائلہ نے بے خوفی سے کہا۔

''مراد خان۔ تمہارے باغ کے آم ہمیں بہت اچھے لگتے ہیں''

''اسی لئے چوری کرتی ہو؟''—— مراد خان نے تپ کر کہا——

''کیا کریں اگر چوری نہ کریں تم تو دیتے نہیں ہو''——

——اور مراد خان کو اس کے بھولے پن پر ہنسی آ گئی——

اس نے اپنے ہاتھ سے آم توڑ کر سب کو دیئے لیکن تاکید کی کہ آئندہ چوری نہ کرنا۔ مراد خان ان سے بڑا تھا۔ پھر بھی ان کی دوستی ہو گئی۔ کیونکہ انہیں تو اس کے باغ کے آم کھانے سے مطلب تھا۔

وقت کچھ اور آگے بڑھا۔ کمال میاں کی شادی ہو گئی۔ اور بھابھی جان بیاہ کر سیّدوں کی حویلی میں آ گئیں۔ ان سے دور کی رشتے داری بھی تھی۔ اور یہ نسبت سیدانی نے اپنی زندگی میں ہی طے کر دی تھی۔ جمال، بھائی کی شادی سے بہت خوش تھا۔ ہر دم بھابھی کے آگے پیچھے گھومتا رہتا تھا۔ چند دن تو نئی بھابھی نے اس کے لاڈ کیئے۔ پھر انہیں اس سے الجھن ہونے لگی۔ اور وہ بہانے بہانے اس سے دور ہونے لگیں۔ جمال نے بھی محسوس کیا کہ وہ اسے منہ نہیں لگانا چاہتیں۔ اسے دکھ تو ہوا۔ لیکن وہ خود بھی ان سے دور ہوتا گیا۔

اس روز وہ کافی عرصے کے بعد سراج کے گھر گیا تھا۔ اس کا اترا ہوا چہرہ دیکھ کر آپا نے بہت دلجوئی کی تو وہ بھی کُھل گیا اور بھابھی کی شکایت کر دی۔ شمائلہ نے ہنس کر کہا۔

"بدھو میاں — اگر بھابھی جان تمہیں نہ بھگاتیں تو ہمارے گھر نہ آتے۔ سچی — میں تو بہت خوش ہوں"۔

جمال شرمندہ ہو گیا — اور ایک بار پھر سب دوست اکٹھا ہو گئے۔ وہ روز اسکول سے آکر سراج کے گھر چلا جاتا تھا۔ گھر میں کم ہی نکلتا تھا۔ لیکن بھابھی کو یہ بھی پسند نہیں تھا۔ انہوں نے کئی بار کمال میاں سے اس کی شکایت کی اور انہوں نے اس کی سرزنش بھی کی۔ جس کا اسے بہت دکھ ہوا۔ بھابھی کو اس کے اخراجات بہت کھلتے تھے۔ وہ ہر وقت اسے مفت کی روٹیاں توڑنے کے طعنے دیتی تھیں۔ اوپر تلے ان کے تین بیٹے پھر ایک بیٹی ہو گئی۔ اب انہیں جمال کا وجود اور زیادہ کھٹکنے لگا۔ حالانکہ جمال بچّوں کو بہت چاہتا تھا۔ لیکن اس کی چاہت کا بھابھی پر کوئی اثر نہیں ہوتا تھا۔ وہ اپنے بچوں کو بھی اس سے دور رکھتی تھیں۔ جمال میں کوئی بری عادت نہیں تھی۔ پڑھنے میں بھی ٹھیک ٹھاک تھا۔ بس اس کی میتھس ذرا کمزور تھی۔ اس نے بھائی سے ٹیوشن لگوانے کے لئے کہا تو ان سے پہلے بھابھی بول پڑیں۔

"ابھی تمہارا خرچہ کیا کم ہے۔ جو ٹیوشن کا خرچ بڑھایا جائے۔ ہمارے اپنے بہت سے خرچ پورے نہیں ہو رہیں" —

کمال چپ رہے۔ جمال ان کی صورت دیکھ رہا تھا کہ شاید بھائی کچھ بولے۔ لیکن وہ بیوی سے الجھنے کی ہمت نہ کر سکے۔ اور جمال چپ چاپ اٹھ کر چلا گیا۔ جیسے تیسے گاؤں کے اسکول سے ہائی اسکول پاس کرنے کے بعد اس نے شہر جا کر پڑھنے کی خواہش ظاہر کی۔ اور یہ بات ایسی تھی کہ بھابھی نے آفت مچا دی۔ اسی دن اس نے چپ چاپ گھر چھوڑ دیا۔ کہاں کہاں بھٹکا کیسے پڑھائی مکمل کی۔ اور اب وہ کئی برس سے امریکہ میں جاب کر رہا تھا۔ بھائی کی کمزوری اور بھابھی کی زیادتیوں کو بھول کر وہ ہر ماہ انہیں اچھی خاصی رقم بھیجتا رہا۔ سراج سے اس کی خط و کتابت تھی۔ جس سے سارے حالات معلوم ہوتے رہتے تھے۔ ہر چند وہ شمائلہ کو براہِ راست خط نہیں لکھتا تھا لیکن وہ اس سے غافل بھی نہیں تھا۔ ایک بار سراج نے روا روی میں لکھ دیا کہ شمائلہ آنے والے ہر رشتے سے انکار کر دیتی ہے وہ شہر میں رہ کر پڑھ رہی ہے۔ بس کسی لمبی تعطیل میں ہی گھر آتی ہے —

رات کے کھانے کے بعد سب کے پلنگ وسیع صحن میں بچھائے گئے۔ جمال سونے پر لیٹا تو دیر تک نیند نہیں آئی۔ اس نے اگلے روز سراج سے ملنے کا پروگرام بنایا تھا۔ ذرا فاصلے پر کمال میاں اور بھابھی جان کے پلنگ بچھے تھے۔ باتوں کی آواز نے اس کی توجہ مبذول کر لی۔ بھائی کہہ رہے تھے—

''جمال اتنے عرصے کے بعد گھر آیا ہے۔ اس نے آج تک اپنے بارے میں کچھ نہیں سوچا۔ ہمارا فرض ہے کہ اس کے مستقبل کے متعلق جلد کوئی فیصلہ کریں۔''

''کیا مطلب ہے آپ کا؟''۔

اس کی شادی کے بارے میں ہمیں ہی سوچنا ہے۔ اب کا گیا خدا جانے کب آئے'' بھائی جان نے کہا۔

''کیا آپ کا دماغ خراب ہو گیا ہے۔ خود اپنے پاؤں پر کلہاڑی مارنے جا رہے ہیں؟''—

''تم کہنا کیا چاہتی ہو؟''—

اگر آپ نے اس کی شادی کر دی تو کیا وہ ہمیں کبھی کوئی رقم بھیجے گا— ہرگز نہیں۔ ہمارے بچوں کی تعلیم۔ اور سب سے بڑھ کر جمیلہ کی شادی کا کیا ہوگا؟۔

''اس نے آج تک جو کیا ہے وہی بہت ہے۔ جو فرض تمہارے بیٹے کا تھا۔ وہ اس نے پورا کیا ہے۔ ہم نے اس کے لئے کیا۔ کیا؟ کچھ بھی تو نہیں۔ حد یہ ہے کہ اس کی تعلیم کا خرچ تک ہم نے نہیں اٹھایا۔ حالانکہ ابو کی جائداد، کھیت اور باغات میں اس کا برابر کا حصہ ہے۔ اور اب تم اس کی شادی کرنے سے بھی کترا رہی ہو— یہ نہیں ہو سکتا۔''—

کمال میاں نے غصے سے دوٹوک کہہ دیا—

''آپ تو ایسے کہہ رہے ہیں جیسے لڑکی دیکھ رکھی ہے''—

''ہاں۔ مولوی چراغ علی کی بیٹی شمائلہ مجھے پسند ہے''—

''وہ شیخ زادے؟— ہم ان کی لڑکی لائیں گے؟— ناممکن''—

بھابھی نے تڑخ کر کہا—

''میں یہ سب نہیں مانتا— نہ ہمارے آقا نے مسلمانوں کے درمیان ذات پات کی تفریق رکھی ہے۔ میں کل جا کر بات پکّی کر دوں گا۔''

کمال میاں نے اپنا فیصلہ سنا دیا۔

''میں کل ہی اپنے میکے چلی جاؤں گی۔ آپ شوق سے بھائی کی شادی کریں'' —دھمکی دی—

''کل چلی ضرور جانا۔ ایسا نہ ہو کہ صبح اپنا فیصلہ بدل دو کیونکہ میں بھی تم جیسی خودغرض اور مطلب پرست عورت سے عاجز آ چکا ہوں۔''—

جمال کا دل چاہا کہ وہ دونوں کو بتا دے کہ اس کا شادی کرنے کا کوئی ارادہ نہیں ہے۔ اور سراج اور شمائلہ سے ملے بغیر ہی واپس چلا جائے گا۔ لیکن اس کی ہمت نہیں پڑی اور ذرا دیر کروٹیں بدلتے بدلتے سو گیا۔

اگلے دن وہ دیر میں سو کر اٹھا۔ جمیلہ سے بھائی کے بارے میں پوچھا تو اس نے بتایا کہ وہ کچھ دیر پہلے کہیں گئے ہیں— اور امّی کی طبیعت خراب ہے۔ وہ سو رہی ہیں—

کمال واپس آئے تو بہت خوش تھے۔ مٹھائی کا ڈبہ جمیلہ کے حوالے کر کے بولے—

''بیٹی— سب کا منہ میٹھا کراؤ— تمہارے چچا جان کی شادی پکّی کر کے آ رہا ہوں—''—

''سچ ابو؟''—— جمیلہ خوش ہو گئی۔

''بالکل سچ''— انہوں نے سامنے بیٹھے جمال کو اپنے سینے سے لگا لیا۔ دلگرفتہ، لہجے میں کہنے لگے۔

''معاف کرنا بیٹا— ہم آج تک تمہارے فرائض سے غافل رہے جبکہ تم نے اولاد سے بڑھ کر ہمارا خیال کیا''—

''بھائی جان! ایسا نہ کہیں''—

جمال شرمندہ ہو گیا۔

''یہ نہیں پوچھو گے کہ تمہارا رشتہ کہاں طے کیا ہے؟''—

''بھائی جان— آپ جہاں بہتر سمجھیں گے رشتہ کریں گے۔ میں آپ کے حکم سے باہر نہیں ہوں۔''

سعادت مندی سے کہہ کر سر جھکا لیا۔ اگر کہتے کہ وہ رات کی ساری باتیں سن چکا ہے تو بھائی اور بھاوج شرمندہ ہو جاتے۔ اور وہ ایسا نہیں چاہتا تھا— آخر وہ اس کے بڑے تھے۔ اور ان کی عزت کرنا اس کا فرض تھا۔

شمائلہ کا گھونگھٹ اٹھا کر جمال نے پہلے سلام داغا پھر شرارت سے کہا—

''کیا میں پوچھ سکتا ہوں کہ آپ اب تک ہر رشتے سے انکار کیوں کرتی رہیں؟''—

''جی نہیں۔ آپ کو یہ سوال پوچھنے کا حق نہیں ہے''۔

شمائلہ نے آہستہ سے کہا۔

''اچھا یہی بتا دو کہ کیا تمہیں میرا انتظار تھا؟''—

''کیا آپ کو اس میں شک ہے؟ الٹا سوال کر دیا—

''نہیں— اور اسی لئے میں واپس آیا تھا— اگر تمہاری کہیں شادی ہو جاتی— تو میں ساری عمر واپسی کے بارے میں نہ سوچتا۔''

سنجیدگی سے کہا—

''— اور میں نے عہد کیا تھا کہ ساری زندگی آپ کا انتظار کروں گی''—

''اس سے اچھا تھا کہ مجھے اپنے عہد سے مطلع کر دیتیں''—

''لڑکی اپنے منہ سے کبھی اپنی محبت کا اظہار نہیں کرتی''

''اور اب جو اظہار کر رہی ہو؟''— شرارت سے کہا—

''اب تو آپ— خیر ہٹائیے'' کہہ کر شرما گئی۔ اور جمال نے ہنس کر اسے خود سے قریب کر لیا—

☆☆

ایک شجر ایسا—

چودھواں سال لگتے ہی لڑکیوں کے بدن میں بجلیاں تڑپنے لگتی ہیں۔ سر سے پاؤں تک ان کے پورے وجود سے شرارے سے لپکنے لگتے ہیں اور ہر عضو سے روشنی کی گرم گرم کرنیں پھوٹنے لگتی ہیں۔ ان تڑپتی مچلتی بجلیوں کی آنچ ایک میل دور سے بھی محسوس ہوتی ہے۔ اور شراروں کی لپک فاصلوں کے باوجود مقابل کو جلانے —— اور جلا کر خاکستر کرنے کی قدرت رکھتی ہے۔ روشنی کا انعکاس بند پلکوں کے کواڑ پھلانگ کر دل کی سطح پر ہلچل مچا دیتا ہے۔ نتیجے میں تباہی اور بربادی مقدر ہو جاتی ہے۔ ان تباہ کن ہتھیاروں کی زد سے کون کافر محفوظ رہ سکتا ہے؟

پھول بیگم کو چودھواں سال لگا تو نہ ان کے بدن میں بجلیاں تڑپیں۔ نہ شرارے لپکے۔ نہ ہی قیامت آئی۔ ان کے نازک نازک دودھیا جسم سے مشکِ نافہ کی مانند بھینی بھینی خوشبو پھوٹتی تھی۔ ان کے سراپا سے ٹھنڈی ٹھنڈی چاندنی منعکس ہوتی تھی اور ان کے کلیوں جیسے لبوں سے ادا ہونے والا ہر لفظ شبنم کے قطروں کی طرح پاکیزہ اور مصفّٰی ہوتا تھا۔ ان کے قریب آنے والے کی گستاخ نگاہیں جھک کر ان کے قدموں میں سجدہ ریز ہو جاتی تھیں۔ وہ نہ مغرور تھیں نہ احساسِ حسن نے انہیں ستم گر بنایا تھا بلکہ فطری شرم و حیا نے انہیں سنوارا تھا۔ اور اس طرح سنوارا تھا کہ ان کی طرف اٹھنے والی نظروں میں احترام کے سوا اور کوئی عکس ڈھونڈھے سے نہیں ملتا تھا۔

پھول بیگم کے حُسن کی خوشبو پھیلی تو دور قریب کے رشتے دار بھونروں کی طرح

منڈلانے لگے۔ ہر دل ان کا تمنائی تھا۔ ہر آنکھ ان کی شیدائی تھی۔ لیکن انہیں ان چھچھورے، دل پھینک اور ہرجائی نوجوانوں سے کوئی دلچسپی نہیں تھی۔ انہوں نے کوئی آئیڈیل نہیں بنایا تھا۔ کسی کافر کا بت نہیں تراشا تھا۔ کسی کو دل میں نہیں بسایا تھا۔ لیکن ان کی پسند کا معیار عام لڑکیوں سے الگ ضرور تھا۔ اور یہ شاید ان کی بلند نگاہی تھی کہ انہیں چاند کے اردگرد، آس پاس چکّر لگانے والا چکور نظر نہیں آیا جو بچپن سے اب تک ہر پل ہر لمحہ ان پر اپنا آپ وارنے پر تیار رہتا تھا۔ جو ہر قدم پر ان کا سایہ بنا رہتا تھا۔ وہ اسے جس نام سے پکارتیں۔ جس نام سے مخاطب کرتیں۔ حاضر ہو جاتا۔ شجّن، شجّی، شجّو۔ کئی نام تھے اس کے۔ یہ پیار کے القاب نہیں تھے، نہ ہی وہ کسی کا چہیتا تھا۔ ایک کنیز زادہ کسی کے پیار یا التفات کے لائق ہی کب تھا۔ یہ سارے القاب اور خطاب تو اس کی شخصیت اس کے وجود اور اس کے ہونے کی نفی کرتے تھے۔ وہ ہو کر بھی نہیں تھا۔ ورنہ اس کا اچھا بھلا نام شجاعت کیا برا تھا؟ اس نام پر جاگیریں تو عطا نہیں کی جارہی تھیں اور نہ وہ کسی کی وراثت کا دعوے دار تھا۔ یہ نام تو اس کی ماں نے رکھا تھا۔ اور ماں نے نام کے سوا اس کو دیا ہی کیا تھا۔؟ لیکن یہ نام بھی کسی کی زبان پر نہ چڑھ سکا۔ ہاں ماں ضرور اس ڈیوڑھی کی چوکھٹ پر بھینٹ چڑھ گئی۔ خدا جانے اس کا جرم کیا تھا۔

ہر بڑے اور امیر گھرانے کی طرح اس ڈیوڑھی پر بھی ملازموں کی ریل پیل تھی۔ خاندان کے ہر فرد کے لئے الگ الگ خدمت گار تھے۔ بچّوں تک کے لئے انائیں اور آیائیں مقرّر تھیں۔ مردوں سے زیادہ عورتیں ملازم تھیں حد ہے کہ سرکاروں اور صاحبزادوں تک کی خدمت پر ہر رنگ اور نسل کی خادمائیں مامور تھیں۔

اللہ بخش میراثی جب تک زندہ رہا ڈیوڑھی کی خدمت کرتا رہا۔ اس کے مرنے کے بعد اس کی بیوہ نے بھی یہیں پناہ لی۔ ڈیوڑھی والوں کو نام بگاڑنے میں کمال حاصل تھا۔ مجال ہے جو کسی نوکر کو اس کا سیدھا پورا نام لے کر بلائیں۔ گُل بانو بھی گُلبیا بن گئی۔ گل بانو کا نام تو یوں بھی اس پر پھبتی ہی لگتا تھا۔ نہ وہ گُلوں کی مانند گل اندام تھی نہ ہی اس کا رنگ گورا گلابی تھا۔ شب دیجور کی مانند سیاہ رنگ، اونچا قد، مردوں جیسے مضبوط ہاتھ پاؤں، اور مہین

چھلّوں، جیسے گڈی میں چپکے ہوئے بال۔ مانو سیدھی حبش سے چلی آرہی ہو۔ شہر میں حبشیوں کے کئی خاندان آباد تھے۔ محرّم کے زمانے میں جب پندرہ بیس حبشنیں حلقہ بنا کر ایک ساتھ بڑے نظم وضبط کے ساتھ نوحے پڑھتیں اور بھاری مضبوط ہاتھوں سے سینہ زنی کرتیں تو اچھے اچھے مردوں کا پتہ پانی ہو جاتا۔ سال کے باقی مہینوں میں وہ مختلف ڈیوڑھیوں پر نوکری کرتیں۔ جہاں سخت محنت کے کام انہیں سونپے جاتے تھے۔ گلبیا بھی بہت محنتی تھی۔ منجھلے صاحب کی خدمت وہ جی جان سے کرتی تھی۔ ایسی بھیانک بدصورت عورت سے منجھلی بیگم کو بھلا کیا خطرہ محسوس ہوتا سو وہ اس کی فکر نہیں کرتی تھیں خواہ وہ گھنٹوں منجھلے صاحب کی مالش کرے یا ان کے ہاتھ پاؤں دبائے۔

منجھلی بیگم اپنی نواڑی پلنگڑی پر بیٹھی گلوریاں نوش کرتیں۔ یا دن میں چار بار اپنا لباس تبدیل کر کے سج سنور کر آئینہ دیکھتیں اور اپنے حُسن کو سراہتیں۔

گلبیا نے ایک تندرست اور توانا لڑکے کو جنم دیا تو ڈیوڑھی کی بیگمات نے یہ سوچنے کی زحمت بھی گوارا نہیں کہ اللہ بخش میراثی کو مرے ہوئے برسوں ہو گئے تو یہ لڑکا کہاں سے آگیا؟۔ درجنوں ملازموں میں سے کوئی بھی اس کا جنم داتا ہو سکتا تھا۔ برسوں کسی کو اس کے نام کا پتہ نہیں چلا۔ وہ تو ایک دن منجھلے صاحب نے گلبیا کو ڈانٹا ''کیا بہری ہو گئی ہے گلبیا۔ سنائی نہیں دیتا شجاعت کب سے رو رہا ہے'' تب آس پاس والوں نے پہلی بار نام سنا۔ اور فوراً شجاعت کا قافیہ وجاہت سے ملا دیا۔ جو منجھلے صاحب کا نام تھا —— اور اگلے ہی دن منجھلی بیگم نے ماں بیٹے کو نکال باہر کیا۔

بڑے سرکار کے مرتے ہی ایک ڈیوڑھی کی چار ڈیوڑھیاں ہو گئیں۔ سب لوگ الگ الگ اپنے اپنے حصّے کے مطلق العنان حاکم تھے۔ اور چھوٹی بیگم نے گلبیا اور اس کے بیٹے کو ہاتھوں ہاتھ لیا —— وہ تو ہمیشہ اس تاک میں رہتی تھیں کہ منجھلی بیگم کو کیسے جلائیں۔ اب جو یہ موقع ہاتھ آیا تو انہیں لپک لیا۔ گلبیا کے کام سے وہ بھی خوش رہتی تھیں۔ شجاعت کو شُجّن بنا کر انہوں نے اس کی اوقات ضرور بتا دی تھی۔ معصوم بچہ ان تکڑموں کو بھلا کیا سمجھتا —— وہ تو ان کی ایک آواز پر دوڑا آتا۔ پہلے گھٹنوں کے بَل، پھر پاؤں پاؤں۔

جب گلبیا مری تو شجن سات آٹھ سال کا تھا اور قد کاٹھ سے نو دس برس کا لگتا تھا۔ بالکل اپنی ماں پر گیا تھا۔ وہی رنگ اور ویسا ہی مضبوط اور محنتی۔ پھول بیگم کی عمر اس وقت بہ مشکل چھ برس کی ہوگی۔ شجن اس پریوں جیسی حسین اور نازک شہزادی کے ساتھ گھٹنوں کھیلتا تھا۔ چھوٹی بیگم نے بھی اس بے جوڑ دوستی پر اعتراض نہیں کیا۔ پھول بیگم موٹر میں بیٹھ کر اسکول جانے لگیں۔ تو شجن بھی ڈرائیور کے ساتھ اگلی سیٹ پر تن کر بیٹھ جاتا۔ وہ اب خود کو بہت بڑا اور ذمّے دار سمجھنے لگا تھا۔ گھر کے ڈھیرے سارے کاموں کے ساتھ پھول بیگم کو اسکول لے جانے اور لانے کا کام بھی اس کے ذمّے تھا۔ اسے یہ کام سب کاموں سے زیادہ پسند تھا۔ ملازموں کی تعداد بھی اب کم ہوگئی تھی۔ اس لئے پھول بیگم کے بیشتر کام وہی انجام دیتا تھا۔ وہ بھی ایک طرح سے اس کی عادی ہوگئی تھیں۔ شجن کا نکلتا ہوا قد، اور مضبوط ہاتھ پاؤں دیکھ کر انہیں کبھی خیال نہیں آیا کہ وہ جوان ہوگیا ہے۔ شاید اس جیسے نوکر کبھی جوان نہیں ہوتے۔ اور ہوتے بھی ہیں تو ان کی جوانی کو قابلِ اعتنا نہیں سمجھا جاتا۔

خاندان کی لڑکیاں بیری کی مانند پھیل کر چھتنار ہوتی جارہی تھیں اور کئی تو بھٹ کیٹا کی جھاڑی کی طرح خطرناک حد تک جوان ہوگئی تھیں۔ لیکن ابھی تک کسی کے آنگن میں ڈھیلا تو کیا کنکری تک نہیں آئی تھیں۔ پھول بیگم کے آنگن میں رشتے ٹپکے کے آم کی طرح پٹاپٹ گر رہے تھے۔ چھوٹے صاحب اور چھوٹی بیگم کو رشتے کے انتخاب میں مشکل ہورہی تھی۔ پھول بیگم کے سرتاج من سلامت، جانے کن کونوں کھدروں میں چھپے بیٹھے تھے۔ اور یہاں پھول بیگم کو اپنا اسکول چھٹتا نظر آرہا تھا۔

بڑے سرکار کے آغا صاحب سے گہرے مراسم تھے۔ ان کے پوتے آغا خوشنود کا رشتہ آیا تو پھول بیگم کی خوش نصیبی پر گویا مُہر ثبت ہوگئی۔ ایرانی ماں اور مغل باپ کی اولاد آغا خوشنود۔ خاندانی رئیس، تعلیم یافتہ اور مردانہ وجاہت کے مالک تھے۔ ان کا قالینوں کا کاروبار تھا۔ ادھر پھول بیگم میٹرک کا امتحان دے کر فارغ ہوئیں۔ اُدھر آغا صاحب بارات لے کر آ گئے۔ پھول بیگم رخصت ہوکر جانے لگیں تو ماں سے التجا کی۔

''امّی حضور۔۔۔۔ شجن کو ہمارے ساتھ کر دیجئے۔''

''لاکھوں کا جہیز دے کر بیٹی کو رخصت کرنے والے والدین بیٹی کی اتنی چھوٹی سی خواہش کیسے رد کر دیتے۔ سو شجن بھی جہیز میں دے دیا گیا۔ لڑکیوں کو تو میکے کی طرف سے اڑ کر آنے والا 'کوا' بھی اپنا میت لگتا ہے۔ یہ تو شجن تھا۔ ان کا مزاج دان، وفادار اور خدمت گذار۔

تھوڑے ہی دن میں آغا صاحب بھی شجن کی خدمت اور وفاداری سے خوش ہو گئے۔ وہ پھول بیگم سے بھی زیادہ اس کا خیال کرتے تھے۔

ایک سال پر لگا کر اڑ گیا۔ اور پھول بیگم ننھی منّی پیاری سی بیٹی کی ماں بن گئیں۔ آغا صاحب نے بیوی کے نام کی مناسبت سے اس کا نام مہک رکھا۔

پھول اور مہک یہ دونوں آغا صاحب کو اپنی جان سے زیادہ عزیز تھیں۔ وہ بھول گئے کہ ان کی جان بھی اپنی نہیں کسی اور کی امانت ہے۔ ایران سے واپس آتے ہوئے ان کا پلین کریش ہو گیا۔ مہک اس وقت پانچ سال کی تھی۔ اور باپ سے بہت زیادہ مانوس تھی۔ پھول بیگم اسے کیا سنبھالتیں وہ تو خود اس حال میں تھیں کہ کوئی انہیں سنبھالتا۔ شجن نے ہی حوصلہ کیا۔ اور ماں بیٹی کو اس طرح سنبھالا کہ اپنا آپ ان پر وار دیا۔ اور انہیں ٹوٹ کر بکھرنے سے بچا لیا۔

وقت اتنا تیز گام ہے کہ ایک پل نہیں ٹھہرتا اور ظالم ایسا کہ کسی کے دُکھ سکھ کا بھی خیال نہیں کرتا۔ بس آگے ہی آگے بڑھتا جاتا ہے۔ خوشیوں کو روندتا، دکھوں کو سمیٹتا، نہ پیچھے چھوٹنے والوں کی فکر، نہ ساتھ چلنے والوں کا لحاظ ایک دن پھول بیگم نے حساب کتاب کیا تو پتہ چلا کہ آغا صاحب کو جدا ہوئے برسوں بیت گئے۔ کاروبار سمٹ کر ایک دوکان تک محدود ہو گیا تھا۔ نقصان کا حساب کون کرتا۔ سب سے بڑا نقصان برداشت کرنے کے بعد روپے پیسے کا نقصان کیا معنی رکھتا تھا۔ پھول بیگم کے ہمدردوں میں اچانک ہی اضافہ ہو گیا تھا۔ ان کے اتنے رشتے آئے کہ کسی کنواری کے بھی نہ آئے ہوں گے۔ مرنے والے کی یادیں اتنی دھندلی نہیں ہوئی تھیں کہ وہ چاہنے والے شوہر کی محبت دل سے کُھرچ کر سہاگ کا نیا جوڑا پہن لیتیں۔ وہ اگر زندہ تھیں تو اپنی بیٹی کے لئے۔ نہ ہی اتنی نادان تھیں کہ ان نام نہاد

ہمدردوں کی آنکھوں میں رقصاں حرص اور لالچ کو نہ پہچانتیں۔ اپنے ارادوں میں ناکام ہونے کے بعد انہوں نے پھول بیگم کو بدنام کیا۔ لیکن انہوں نے ان کے سارے ہتھکنڈے ناکام بنادئے۔ اور اب تو مہک نے پندرہویں برس میں قدم رکھ دیا تھا۔ اگر آغا صاحب زندہ ہوتے تو وہ اسے خوب پڑھاتیں۔ ڈاکٹر، انجینئر یا اعلیٰ افسر بناتیں۔ لیکن میاں کے ساتھ سارے ارمان بھی ختم ہوگئے تھے۔ اگر شجن نہ ہوتا تو شاید یہ دونوں ماں بیٹی بھی ختم ہوگئی ہوتیں۔ شجن نے کاروبار بھی سنبھالا اور انہیں بھی۔ وہ اس کی بہت احسان مند تھیں۔ کئی بار انہوں نے اس پر زور دیا کہ وہ شادی کرلے۔ لیکن اس کا انکار اقرار میں نہ بولا۔

''امّی'' ——— مہک ان کے کاندھے سے لگی لاڈ کر رہی تھی۔

''کیا بات ہے جان؟''۔

''میں میٹرک میں فیل ہو جاؤں گی۔''

مہک نے اطمینان سے پھول بیگم کو اطلاع دی۔

''اچھا—— یہ پیشین گوئی کس لئے کر رہی ہو؟''۔

''میری انگریزی اور میتھس بہت کمزور ہے امّی''۔

''پھر؟'' وہ مسکرائیں اور اس کے جواب کا انتظار کرنے لگیں۔

''ٹیوٹر کے بغیر پاس نہیں ہو سکتی۔''

''ہوں۔ شجن سے کہو ٹیوٹر لے آئے گا۔''

''امّی۔ میں آپ سے ٹیوٹر کے لئے کہہ رہی ہوں۔ بازار سے سامان نہیں منگوانا ہے۔'' مہک جھنجھلا گئی۔

''پھر کس سے کہوں؟''۔ بے بسی سے پھول بیگم نے سوال کیا۔

''میری دوست کو جو ٹیوٹر پڑھاتا ہے وہی مجھے بھی پڑھا دے گا۔ اس نے بات کرلی ہے۔''

''ٹھیک ہے۔ کل سے بلا لو۔'' پھول بیگم نے رضامندی دے دی تو مہک نے ان کے گلے میں بانہیں ڈال دیں۔

شاہد حسین۔ ایم ایس سی تھے۔ اور ملازمت کی تلاش میں تھے۔ فی الحال ٹیوشن کر کے بے کاری کا غم غلط کر رہے تھے۔ دیکھنے میں سنجیدہ اور مہذب تھے۔ پھول کو وہ خاصے معقول لگے۔ مہک بھی ان سے مطمئن تھی۔ وقت کی پابندی سے وہ مہک کو پڑھانے آ رہے تھے۔

جب تک مہک پڑھتی، پھول بیگم ذرا فاصلے پر بیٹھی کوئی کتاب دیکھتیں، یا سلائی کڑھائی کا کام کرتی رہتیں۔ جوان لڑکی کے معاملے میں وہ کسی باہر والے پر اعتبار کرنے کی قائل نہیں تھیں۔ سن و سال، رتبہ اور رشتہ کسی برائی کو روکنے میں ناکام ہو جاتا ہے۔ سیٹھ ابراہیم، سرور بھوجانی انور حسین رائے زادہ یہ سب شادی شدہ اور کئی بچوں کے باپ تھے۔ آغا صاحب سے ان کے کاروباری اور دوستانہ مراسم تھے۔ لیکن آغا صاحب کی آنکھ بند ہوتے ہی کسی رشتے اور واسطے کا احترام نہیں کیا۔ اور نکاح کا پیغام دے دیا۔ مہک تو ابھی کم سن اور نادان ہے۔ زمانہ کے سرد و گرم سے ناواقف ہے یہ تو ماں کا فرض ہے کہ اولاد کو دنیا والوں کی میلی نظروں سے بچائے۔

پھول بیگم کئی دن سے سخت پریشان تھیں۔ جب بھی ان کی نگاہ سوئی دھاگے سے اوپر اٹھتی۔ شاہد حسین کی نظروں سے ٹکرا جاتی۔ وہ زیرِ لب مسکرا کر مہک سے مخاطب ہو جاتے۔ اور پھول بیگم مارے غیرت کے پسینے پسینے ہو جاتیں۔ اور کسی بہانے سے اٹھ کر چلی جاتیں۔ سفید کفن جیسے لباس میں زندہ لاش جیسی عورت سے کوئی مرد بھلا کیسے دلچسپی لے سکتا ہے۔

وہ اپنی سونی کلائیوں کو دیکھتیں۔ ہاتھ کی پشت پر ابھری ہوئی نسوں کے جال کو گھورتیں۔ اور اپنے وہمی پن کو دل ہی دل میں کوستیں۔ لیکن یہ ان کا وہم نہیں تھا۔ گرم نظروں کی تپش کا احساس وہم ہو سکتا ہے۔ لیکن کیا وہ مسکراہٹ بھی دھوکہ ہے جو شاہد حسین کے ہونٹوں سے پھِسل پھِسل جاتی ہے۔ اور جسے روکنے یا چھپانے کی انہیں فکر بھی نہیں ہوتی! اس غریب، تعلیم یافتہ اور خاندانی مگر بے روزگار نوجوان کو دیکھ کر انہیں خیال آیا تھا کہ اگر یہ دو چار برس عمر میں کم ہوتا۔ تو انہیں اپنی مہک کے لئے ایک آئیڈیل شریکِ حیات مل جاتا۔ وہ اسے اپنے پاس رکھتیں اور سارا کاروبار اسے سونپ کر مطمئن ہو جاتیں انہیں مہک کی کسی

بات سے یہ شبہ نہیں ہوا تھا کہ وہ شاہد حسین کے بارے میں کچھ اور سوچتی ہے۔ حالانکہ اکثر دیکھنے میں آیا تھا کہ کم عمر لڑکیاں اپنے سے بڑی عمر کے مردوں میں دلچسپی لیتی ہیں۔ خاص طور پر ایسی لڑکیاں جن کے سر پر باپ کا سایہ نہیں ہوتا۔ عدم تحفظ کا احساس انہیں ان مردوں کے قریب لے جاتا ہے۔ اس پسند کا انجام خواہ کچھ بھی ہو۔ لیکن مہک صرف اپنے کام سے کام رکھتی تھی استاد سمجھ کر ان کا احترام کرتی تھی۔ اور استاد صاحب اپنی شاگرد کے گھر میں بیٹھ کر کسی اور کو نہیں لڑکی کی ماں کو تاکتے رہتے ہیں۔ جو عمر میں ان سے کچھ نہیں تو آٹھ دس برس ضرور بڑی ہوگی۔ کئی بار جی میں آیا کہ انہیں خوب جھاڑ پلائے اور کھڑے کھڑے نکال باہر کرے۔ لیکن بیٹی کا لحاظ اپنی عزت کا خیال۔ اپنا پندار مجروح ہونے کا دکھ انہیں کوئی انتہائی قدم اٹھانے سے روک لیتا۔ پھر اب تو تھوڑے ہی دن کی بات تھی۔ مہک کا امتحان ہوتے ہی ٹیوٹر کی ضرورت نہیں رہے گی۔ اور یہ سلسلہ خود بخود ختم ہو جائے گا۔ شادی سے پہلے اور آغا صاحب کے انتقال کے بعد بھی انہوں نے کیسے کیسے جتن کئے، اپنی عزت پر آنچ نہیں آنے دی۔ کتنے رشتے ٹھکرائے۔ کاروبار میں نقصان برداشت کیا۔ اپنے جذبات اور فطری تقاضوں کو کچل کر ہر آندھی کا مقابلہ کیا۔ اور جب کشتی حیات کو طوفانوں کی زد سے بچا کر نکال لائیں۔ ساحل مراد دو چار گام رہ گیا۔ تب یہ شخص میری پاکیزگی اور تقدس کو اپنی گندی نظروں سے داغ دار کرنا چاہتا ہے؟

اس روز مہک کا آخری پرچہ تھا۔ شاہد حسین وقتِ مقررہ سے کچھ پہلے ہی آ گئے۔ پھول بیگم نے انہیں دیکھا تو ناگواری چھپا نہ سکیں۔ رکھائی سے کہا۔

"مہک ابھی نہیں آئی ہے۔ شاید کچھ دیر سے آئے گی۔ آخری دن ہے۔ سہیلیوں سے ملتے جلتے کچھ وقت لگے گا۔"

"جانتا ہوں۔ آج میں آپ سے کچھ کہنا چاہتا ہوں۔ مہک کے سامنے بات نہیں ہو سکے گی۔"

"کہیے" وہ ان کے منہ سے اعترافِ گناہ چاہتی تھیں۔

"میں ——— میں آپ کو پسند کرتا ہوں۔ آپ کے ساتھ شادی ——— ان کا

جملہ ادھورا ہی رہ گیا بس چٹاخ، کی آواز ہوئی، دوسرے لمحے شاہد حسین گھر کے باہر تھے۔ پھول بیگم وہیں زمین پر بیٹھ گئیں۔ پھر بچّوں کی طرح لُوٹ گئیں اور پھوٹ پھوٹ کر رونے لگیں۔

''بیگم صاحب۔ بی بی۔ کیا بات ہے۔ سب خیریت ہے نا؟ اس طرح کیوں رو رہی ہیں؟''

مُجّن حسب معمول دوپہر میں دوکان بند کر کے گھر آیا تھا پھول بیگم کو اس طرح تڑپ تڑپ کر روتے دیکھا تو بے چین ہو گیا۔

''بی بی۔ آپ کو خدا کا واسطہ کیا بات ہے۔ مجھے بتایئے۔ میں ہوں نا؟

مُجّن نے ایک بار پھر اپنے ہونے کا احساس دلایا۔ اور اس کے لہجہ کا اعتماد انہیں خوش گوار حیرت سے دوچار کر گیا۔

انہوں نے بڑی آس سے اسے دیکھا۔

''میں ہوں نا؟''۔ جیسے سایہ دار چھتنار درخت۔

''میں ہوں نا'' جیسے مر مٹنے کا خاموش وعدہ۔

''مُجّن! انہوں جیسے دور سے آواز دی۔

اور پھول بیگم کی پکار نیزہ کی انی بن کر اس کے دل میں چُبھ گئی اس نے بے اختیار اپنا سر ان کے پاؤں پر رکھ دیا۔

''یہ کمزور لمحہ آج کہاں سے آ گیا؟''—

''بی بی!— یہ نمک خوار تو آپ کے قدموں کی دھول بھی نہیں ہے۔ اسے اپنے قدموں ہی میں رہنے دیجئے۔''

——اور وہ ان سے زیادہ بلک بلک کر رو دیا۔

☆☆

اَن دیکھا ہاتھ

''آتش زنی، قتل، اغوا، لوٹ مار، ڈاکہ''—— یہ سارے واقعات تو اب روزمرہ کے معمولات میں شامل ہو چکے تھے۔ سارے اخبارات ایسی ہی خبروں سے بھرے رہتے تھے۔ عوام بھی ان باتوں کے اتنے عادی ہو چکے تھے کہ بس اخبار کی سرخیوں پر سرسری نظر ڈال کر اگلی خبر کی طرف بڑھ جاتے تھے۔

اس کی بے چین آنکھیں ایک ایک لفظ اور ایک ایک سطر ٹٹولتیں کہ شاید کوئی خوش کُن خبر، زندگی کا احساس جگاتی کوئی خوبصورت بات، کوئی پُر لطف قصہ، کوئی انوکھی کہانی مل جائے—— لیکن ہر روز وہ مایوس ہو جاتا اور بے دلی سے اخبار پھینک دیتا۔

کل تک ہر جرم اور سازش کو بے نقاب کرنا بے حد آسان تھا۔ لیکن اب اَن دیکھے ہاتھ جرم کرنے کے بعد بڑی صفائی سے غائب ہو جاتے تھے۔ اور قانون کے رکھوالے ٹامک ٹوئیاں مارتے رہ جاتے۔ ہر روز وہ بڑے غور سے ایک ایک خبر پڑھتا شاید کہیں ان ہاتھوں کی نشاندہی کی گئی ہو۔ کوئی پہچان، کوئی ثبوت، لیکن ہر بار اسے مایوسی اور ناکامی کا منہ دیکھنا پڑتا۔ اس نے اپنے شناسا اور غیر شناسا لوگوں سے سوال کیا۔ لیکن کوئی بھی اسے تسلی بخش جواب نہ دے سکا۔ پھر ایک ہمدرد نے اس سے رازداری کا وعدہ لے کر بتایا۔

''وہ کوئی عام ہاتھ نہیں ہے کہ جو چاہے اسے پکڑ لے''——

''—— پھر کوئی مخصوص نشانی۔ کوئی انوکھی پہچان؟''

''وہ اضافی انگلی، جو اس سے جرائم کراتی ہے۔''

''اضافی انگلی ـــــ ''یعنی چھ انگلیوں والا ہاتھ؟۔

''ہاں بھئی۔ یہ اضافی انگلی ہی تو اصل مجرم ہے۔ پانچ انگلیاں جرم نہیں کرتیں۔''

اس دن سے وہ راستہ چلتے ہوئے۔ بس میں چڑھتے اترتے ـــــ سنیما ہال کے اندر اور باہر ـــــ ریلوے اسٹیشن کے جمِ غفیر میں ـــــ پارکوں کی چہل پہل میں ـــــ بازاروں کی رونق میں ـــــ ہر جگہ اس کی متجسّس نظریں ایسے ہاتھوں کی تلاش میں بھٹکنے لگیں۔

غضب کی سردی میں وہ بس اسٹاپ پر کھڑا اپنے رُوٹ کی بَس کا انتظار کر رہا تھا۔ ساتھ ہی قریب اور دور کھڑے ہوئے لوگوں کا جائزہ بھی لے رہا تھا۔ اچانک اس کی نظریں کالے چِسٹر والے بلند قامت آدمی پر مرکوز ہوگئیں۔ مفلر سے چہرہ چھپائے ہاتھوں پر دستانے چڑھائے وہ مضطرب سا ادھر اُدھر دیکھ رہا تھا۔ اس کا حلیہ بھی قاتلوں جیسا تھا۔ کیا پتہ وہی قاتل ہو۔ اور اپنے ہاتھ چھپانے کے لئے اس نے دستانے چڑھا رکھے ہوں؟۔ یقیناً یہی بات ہے۔ دیکھتے ہی دیکھتے کالے چِسٹر والے نے اپنے ہاتھ جیبوں میں پوشیدہ کر لئے۔ شاید اس کی چھٹی حِس نے اسے بھی خطرے سے آگاہ کر دیا تھا۔ وہ بے خوف وخطر اس کے قریب گیا اور دوسرے پل ـــــ اس کا ہاتھ دستانے میں ملفوف ہاتھ کو گرفت میں لے چکا تھا۔

''چور ـــــ چور'' چِسٹر والے نے گھبرا کر چیخ ماری۔ آس پاس کے لوگ بھی ان کی طرف متوجہ ہو گئے۔ لیکن اس کی گرفت اور سخت ہوگئی اور وہ قاتل صورت آدمی اپنے چہرے پر جہان بھر کی مظلومیت سجائے مجمع سے فریاد کرنے لگا۔

''لوگو ـــــ صاحبان ـــــ اس نے میری جیب سے پرس اڑانے کی کوشش کی۔ وہ تو کہئے میں نے اس کا ہاتھ پکڑ لیا۔

وہ بڑے تمسخر سے ہنسا۔ ''ہاتھ تو اس نے پکڑا تھا۔ اور یہ چِسٹر والا خود کو معصوم ثابت کر رہا ہے۔ ابھی جب سب کے سامنے اس کی اصلیت بے نقاب ہوگی تب پتہ چلے گا کہ یہ کتنا ظالم ہے۔''

''اسے پولیس میں دے دو'' کسی نے پیچھے سے ہانک لگائی۔

''نہیں۔'' ''پہلے خوب جم کر اس کی پٹائی کرو''۔

''ارے چھوڑ و بے چارے کو۔ تمہاری جیب سلامت ہے تو خواہ مخواہ ——''
کسی نے ہمدردی جتائی۔

''واہ صاحب۔ کیسے چھوڑ دیں۔'' ایسے تو اس کی ہمت اور بڑھے گی۔ کل یہ آپ کی جیب بھی صاف کر سکتا ہے۔'' چسٹر والا بلبلا کر بولا۔

''ابے گُم صُم کیا کھڑا ہے۔ بابو جی سے معافی مانگ''۔

وہی ہمدرد کہہ رہا تھا۔

''یہ —— یہ آدمی قاتل ہے۔ مجرم ہے اسی لئے اس نے اپنے ہاتھ دستانے میں چھپا رکھے ہیں۔''

اس نے بڑے اعتماد سے انکشاف کیا۔ پبلک سوچ میں پڑ گئی۔

''کیسے معلوم ہوا کہ یہ قاتل ہے''——

''اس کے ہاتھ کی چھ انگلیاں اس کے قاتل ہونے کا ثبوت ہیں''—— چسٹر والے نے دستانے اتار دیئے۔

''پاگل معلوم ہوتا ہے۔'' لوگ ہنس رہے تھے۔

''پاگل نہیں شرابی ہے سالا —— اس کی آنکھیں دیکھو کیسی لال ہو رہی ہیں۔''

—— اور ایک پہلوان نما آدمی نے آگے بڑھ کر اسے زور کا دھکا دیا۔ وہ لڑھکتا ہوا کئی گز دور جا گرا۔ اس کی کہنیاں چھل گئیں۔ کپڑے مٹی اور کیچڑ میں لت پت ہو گئے۔ اور اس کی آنکھوں کے سامنے 'وہ قاتل' بس میں چڑھ گیا۔ اور بس ایک زناٹے سے اس کے سامنے سے گزر گئی۔

وہ دونوں ہاتھوں سے اپنا چہرہ چھپا کر رو پڑا۔ اور پھر افسردہ سا ایک سمت بڑھ گیا۔ اس کے رُوٹ کی بس آئی بھی اور چلی بھی گئی۔ لیکن اب وہ آفس جانا نہیں چاہتا تھا۔ چوٹ کھانے کے بعد اس کا عزم کچھ اور پختہ ہو گیا تھا۔ اس نے اپنے دل میں اُن دیکھے ہاتھوں کا راز فاش کرنے کا عہد کیا۔ اب اس کا من شانت ہو چکا تھا۔ کئی دن کی غیر حاضری کے بعد وہ آفس گیا۔ ابھی اسے اپنی سیٹ پر بیٹھے چند ہی منٹ ہوئے تھے کہ چپراسی اس کے

سر پر آکر مسلط ہوگیا۔ اور بد تمیزی سے بولا "بڑے صاحب آپ کو بلا رہے ہیں۔" فلاں فائل لے کر فوراً جایئے۔"

اسے غصہ تو بہت آیا۔ لیکن پھر صاحب کا خیال آگیا۔ اور وہ مطلوبہ فائل تلاش کرنے لگا۔ میز کی دراز الماری، ہر جگہ دیکھا لیکن فائل نہ ملی۔ چپراسی پھر آکر اس کے سر پر سوار ہوگیا۔ وہ سر جھکائے صاحب کے کمرے میں داخل ہوا۔ اور نادم سا ایک طرف کھڑا رہا۔ بڑے صاحب نے سر اٹھا کر پوچھا۔

"فائل لے کر آئے ہو؟ صاحب تو اس کی صورت دیکھ کر ہی چڑ گیا تھا۔

"جی ــــ وہ تو ملی نہیں ــــ شاید گھر ــــ"

"وہاٹ؟ ــــ تمہیں معلوم ہے کہ تم کیا کہہ رہے ہو؟۔ اتنی اہم فائل تم گھر کیوں لے گئے۔ میں بہت دن سے تمہاری حرکتیں نوٹ کر رہا ہوں۔ کئی بار تمہیں وارننگ بھی دے چکا ہوں۔ لیکن تم ــــ تم ــــ"

بڑے صاحب نے غصے میں اپنا ہاتھ اٹھا کر اس کی چھاتی کی طرف اشارہ کیا ــــ اور وہ اُچھل کر پیچھے ہٹ گیا۔ "یہی ہے۔ یہی ہے" وہ آہستہ سے بڑبڑایا۔ "گیٹ آؤٹ ــــ آئی سے گیٹ آؤٹ، صاحب دھاڑا۔ چپراسی نے موقع کی نزاکت کا اندازہ کر کے اسے کمرے سے باہر گھسیٹ لیا۔ اور اس کی سیٹ تک لاکر چھوڑ دیا۔ چپراسی حقارت سے کہہ رہا تھا۔

"بابو آج تم چڑھا کر تو نہیں آگئے؟"

وہ وہاں رکا نہیں باہر نکل گیا۔ پیچھے سے اس کے کسی ساتھی نے آواز دی۔ اور قریب آکر اس کے کاندھے پر ہاتھ رکھ دیا۔

"دفع کرو یار ــــ یہ بڑا صاحب ایک نمبر کا سور ہے"

ساتھی نے اس سے ہمدردی جتائی" ــــ

"سؤ نہیں قاتل ــــ وہ قاتل ہے" اس نے سرگوشی کی۔

"کون ــــ اپنا بڑا صاحب؟۔ تمہارا دماغ تو نہیں چل گیا ہے ــــ"

ساتھی زور سے ہنسا۔

''اس کا ہاتھ ——— میں نے اس کا ہاتھ دیکھا ہے۔''

بابو نے ہمدردی کا ارادہ ترک کر دیا۔ اور بڑبڑاتا ہوا اپنی سیٹ پر چلا گیا۔

اس نے آفس جانا چھوڑ دیا۔ دن بھر اِدھر اُدھر مارا۔ مارا پھرتا۔ رات کو کسی ویران گوشے میں تھکن سے چور ہو کر پڑ رہتا۔

ایک صبح اس کی آنکھ کھلی تو حیرت اور خوف کی زیادتی سے وہ گنگ سا ہو گیا۔ راتوں رات قاتلوں کی تعداد میں اضافہ ہو گیا تھا۔ یا اس کے خلاف سب نے مل کر کوئی سازش کی تھی۔ اب ہر ہاتھ میں اضافی انگلی موجود تھی اور ہزاروں لاکھوں قاتلوں کی بھیڑ میں وہ تنہا تھا ——— کل تک وہ ''اَن دیکھے ہاتھوں'' کی تلاش میں سرگرداں تھا۔ لیکن اب جب کہ ہر فرد قاتل بن گیا تھا۔ وہ ان سے چھپتا پھر رہا تھا۔ اس نے گھر سے نکلنا بند کر دیا۔ اور ایک کمرے میں محصور ہو کر رہ گیا۔ گھر والے خود ہی اس سے دور ——— دور رہتے تھے ——— متفکر اور پریشان سے چوری چوری اسے دیکھتے اور سرگوشیوں میں باتیں کرتے۔ وہ بھی کب کسی سے مخاطب ہوتا تھا۔ یا تو چھت کو تکتا رہتا یا پھر آنکھیں موندے چپ چاپ پڑا رہتا۔

کئی دن سے اس کے داہنے ہاتھ میں سخت تکلیف تھی انگوٹھے میں درد کی ٹیسیں سی اٹھتی رہتی تھیں۔ اور وہ خوفزدہ سا اپنے ہاتھ سے نظریں چرائے کراہتا رہتا۔ ایک دن اسے انگوٹھے کی جڑ میں تھوڑا سا ابھار نظر آیا۔ دوسرے دن اس ابھار سے ایک اکھوا پھوٹا، اور دیکھتے ہی دیکھتے۔ وہ ننھا سا اکھوا چھوٹا سا انگوٹھا بن گیا۔ بالکل ویسی ہی دو پوریں اور اوپری پور کے سرے پر کچے زخم جیسے رنگ کا ناخن ——— مارے دہشت کے اس کی چیخ نکل گئی۔ گھر والے دوڑ کر اندر آ گئے۔ وہ داہنا ہاتھ پکڑے بری طرح کراہ رہا تھا۔

''کیا بات ہے بیٹا'' ——— ممتا کی ماری ماں اس کی تکلیف محسوس کر کے تڑپ اٹھی ———

''یہ ——— یہ ——— میرا ہاتھ'' ———

''کچھ بھی تو نہیں ہوا۔ معمولی سا دانہ ہے۔ کسی کیڑے نے کاٹ لیا ہوگا۔'' ——— بڑے بھائی نے دلاسہ دیا۔

"یہ میرا ہاتھ نہیں ہے۔ یہ قاتل کا ہاتھ ہے میرے جسم پر کسی قاتل کا ہاتھ نہیں رہ سکتا۔"
وہ ہذیانی انداز میں چیخنا — دوسرے پل اس نے قریبی میز سے پھل کاٹنے والی چھری اٹھائی اور انگوٹھے پر ریت دی۔ ایک آسودہ سی سِسکاری اس کے ہونٹوں سے باہر آئی۔ اور وہ پھوٹ کر رونے لگا۔
وہ اَن دیکھا ہاتھ خود اس کا تھا۔

☆☆

"گیا وقت نہیں ——"

جب پیار اور اَنا کا ٹکراؤ ہوتا ہے تو زندگی کے دھارے بدل جاتے ہیں۔ یہی ان دونوں کے ساتھ بھی ہوا۔

ونود کئی ماہ سے اس پہاڑی قصبے کے سرکاری اسپتال میں اپنے فرائض انجام دے رہا تھا۔ اس پُرسکون پہاڑی مقام پر گھومتے پھرتے ہوئے وہ اکثر سوچتا کہ جھرنوں کے ترنم، پھولوں کی شگفتگی اور ہواؤں کی خنکی میں چھایا کے وجود سے مزید اضافہ ہو جاتا —— لیکن —— اس نے ان پتھریلی، ناہموار راہوں پر چلنا گوارا نہ کیا اور اپنی منزل کے لئے کناڈا کا انتخاب کیا۔ اس نے اپنے وطن کے پس ماندہ دیہاتوں اور دور افتادہ قصبوں میں رہ کر غریب عوام کی خدمت کرنا زندگی کا نصب العین بنایا۔ اسے علم تھا کہ بیرونی ممالک میں مالدار لوگ مہنگے سے مہنگا۔ علاج کرانے کی استطاعت رکھتے ہیں۔ جب کہ ہندوستان کے پچھتر اور اسی فیصدی عوام کو مناسب علاج کی سہولت تک نصیب نہیں ہے۔ چھایا کو اپنا مستقبل عزیز تھا اور ونود کو خدمتِ خلق میں سکون ملتا تھا۔ وہ غریبی کا مزہ چکھ چکا تھا۔ اس لئے ان کے مسائل اور مجبوریوں سے واقف تھا۔ چھایا دولت کی چھاؤں میں پروان چڑھی تھی۔ وہ ان کے دکھ درد کا احساس بھلا کیسے کر سکتی تھی۔ اور طبیعت کے اس تضاد اور خیالات کے نمایاں فرق نے ان کی راہیں جدا کر دیں۔ ونود کو نہ تو کبھی اپنے فیصلے پر پچھتانا پڑا۔ اور نہ ہی اس نے چھایا کو الزام دیا۔ البتہ وہ چھایا کو بھول نہ سکا اور شاید یہی وجہ تھی کہ اس نے آج تک شادی نہیں کی تھی۔ اور خود کو اتنا مصروف کر لیا تھا کہ شادی کے متعلق سوچنے کا وقت ہی

نہیں ملتا تھا۔

میڈیکل میں ونود کا دوسرا سال تھا جب چھایا اس کے قریب آئی یا شاید وہی اس کے قریب گیا تھا۔ بہر حال قربت کے وہ لمحات ایک محنتی، ایماندار اور ذہین طالب علم کے لئے، امنگوں اور حوصلوں کی سوغات لے کر آئے۔ اور ونود نے امتیازی شان سے کامیابی حاصل کی تب چھایا نے اپنے ماتا پتا سے اسے ملوایا۔ ماتا جی تو سیدھی سادی عورت تھیں۔ انہوں نے ونود کو دل سے پسند کیا۔ لیکن اس کے پتا نے ونود کی غربت کو سخت نا پسند کیا۔ وظیفوں کے سہارے پڑھ کر ایم بی بی ایس کرنے والے لڑکے کا بھلا کیا مستقبل ہو سکتا ہے۔؟

کسی چھوٹے سے سرکاری یا غیر سرکاری اسپتال میں ہزار بارہ سو کی ملازمت بس اس سے زیادہ کیا مل سکے گا؟ —— نہ کوٹھی، نہ کار، اور نہ سوسائٹی میں کوئی مقام —— پھر بھلا وہ ان کی نازوں کی پالی بیٹی کے سنہرے مستقبل کی ضمانت کیسے دے سکتا ہے؟ اور انہوں نے شرط رکھی کہ بیاہ کے بعد وہ اور چھایا۔ دونوں ایم ڈی کرنے بیرون ملک جائیں گے اور وہیں سیٹل ہو کر اپنا مستقبل سنواریں۔ ہندوستان میں غربت کے سوا کیا رکھا ہے۔ چھایا نے ونود سے خوش ہو کر کہا۔

”ڈارلنگ! یہ ایک خوبصورت چانس ہے۔ ہمیں اس کو مس نہیں کرنا چاہئے۔“

”تمہارے پتا جی اگر شادی کے لئے یہ شرط نہ رکھتے تو شاید بیاہ کے بعد میں خود بھی بہتر مستقبل کے لئے ایسا ہی کچھ سوچتا۔ لیکن“

اس سے کیا فرق پڑتا ہے ونود؟——

”بہت زیادہ۔ اس طرح تو مجھے یہ محسوس ہوگا کہ ہماری زندگی، ہمارا مستقبل۔ سب کچھ تمہارے پتا جی کا دیا ہوا ہے ہمارا اپنا کچھ بھی نہیں ہے۔ ہماری زندگی کے بارے میں۔ دوسرے فیصلہ کریں۔ یہ بات مجھے منظور نہیں ہے چھایا“

تم بے جا ضِد کر رہے ہو ونود۔ پتا جی ہمارا بھلا چاہتے ہیں —— ہمارے خیر خواہ ہیں“——

”وہ صرف تمہارا بھلا چاہتے ہیں۔ اور ان شرائط اور سودے بازی کے بیچ وہ

ہمارے پریم کو ایک فضول چیز سے زیادہ اہمیت نہیں دیتے"——

"میں کیا کروں۔ تم دونوں کی ضِد بحث میں میرا کیا حشر ہوگا۔"

"کچھ نہیں۔ تم اپنے پتا جی کا کہنا مانو اور فارن جا کر، ایم ڈی، کی ڈگری لو۔ اور وہیں سیٹل ہو جاؤ۔ ایک شاندار مستقبل تمہارا انتظار کر رہا ہے۔"

"تم—؟ تم کیا کرو گے ونود؟"—

"میں یہیں سے ایم ڈی کروں گا۔ اور یہیں رہ کر غریبوں کی سیوا کروں گا"— ونود نے اپنا فیصلہ سنا دیا۔

"کیا تم میری خاطر— میرے پیار کی خاطر کوئی قربانی نہیں دے سکتے—؟"

"میری جان مانگ لو چھایا۔ لیکن میری اَنا اور میری خودداری کی موت نہ مانگو۔ اس کے بنا میری کوئی پہچان نہیں ہے۔ کوئی شخصیت نہیں ہے۔ اور یہ بات تو تم بھی جانتی ہو کہ میں نے بڑی محنت اور ریاضت سے اپنی شخصیت کو سنوارا ہے۔"

"ہاں میں جانتی ہوں" چھایا کا لہجہ ٹوٹا ہوا تھا۔ اور پھر چھایا ایم ڈی کرنے امریکہ چلی گئی۔ ایم ڈی کرنے کے بعد وہ کناڈا میں سیٹل ہو گئی۔ جبکہ ونود نے یہیں سے ایم ڈی کیا۔ اور قصبوں اور دیہاتوں کے اسپتالوں میں کام کرتا رہا۔

اس دورافتادہ پہاڑی قصبے میں آئے ہوئے ونود کو کئی ماہ ہو چکے تھے۔ پچھلے دنوں ڈاکٹر آشا اگروال چھٹی پر چلی گئیں تو ونود پر کام کا بوجھ مزید بڑھ گیا۔ سچ تو یہ تھا کہ لیڈی ڈاکٹر کے بغیر کافی مشکل ہوتی تھی۔ یہاں کی غریب اور جاہل عورتوں کو فیملی پلاننگ کے متعلق سمجھانا ایک مشکل کام تھا۔ مفلسی کے باوجود ہر گھر میں پانچ سات بچے ہونا عام سی بات تھی۔ اور اس کے بعد بھی لیبر روم۔ اور زچہ وارڈ میں چہل پہل کا وہی عالم تھا نئی لیڈی ڈاکٹر کے آنے تک ونود کو کسی طرح اسٹاف نرس اور آیا کے ساتھ مل کر کام چلانا تھا۔ چھوٹی جگہوں میں کام بہت زیادہ ہوتا ہے۔ سخت محنت اور آرام کی کمی کے سبب رات سے ونود کی طبیعت خراب تھی۔ وہ ابھی ابھی اسپتال کا راؤنڈ لے کر آیا تھا۔ اور اپنے آفس میں ایک آرام کرسی پر نیم دراز سگریٹ کے کش لے رہا تھا۔ آدھے گھنٹے کے آرام کا وقفہ بھی غنیمت

تھا۔ بہادر نے کافی کی ٹرے اس کے قریب اسٹول پر رکھ دی تو وہ چونک پڑا۔

''بہادر—— کافی بنادو'' اس نے آہستہ سے کہا۔

بہادر نے کافی بنا کر دی۔ اور اجازت لے کر چلا گیا۔ کافی کے چھوٹے چھوٹے گھونٹ لیتے ہوئے اس نے بے حد سکون محسوس کیا۔ اچانک دروازے کا پردہ ہٹا اور کوئی دروازے کے بیچوں بیچ آ کر کھڑا ہو گیا۔ اس نے ناگواری سے سر اٹھا کر دیکھا۔

میں اندر آ سکتی ہوں؟—— ڈاکٹر ونود ناگپال؟——

''یس کم اِن—— ڈاکٹر'' —— ونود اس کے استقبال کے لئے چند قدم آگے بڑھا—— اور رک گیا۔ وہ چھایا ہی تھی۔ جب وہ دروازے کے بیچوں بیچ کھڑی تھی تو ایسا لگ رہا تھا جیسے کہ آرٹسٹ نے چھایا کا قد آدم پورٹریٹ بنا کر دروازے کے فریم میں جڑ دیا ہو۔ جب وہ متحرک ہوئی تو وہ پورٹریٹ۔ گوشت پوست کے نرم و نازک جاندار وجود میں تبدیل ہو گیا۔ چھایا ویسی ہی سرو قد تھی جسم بھی چھریرہ اور متناسب تھا۔ تراشیدہ بالوں کا رنگ سُرخی مائل براؤن تھا۔ بھنویں بھی مہارت سے بنائی گئی تھیں۔ خمیدہ لبوں پر میزون لپ اسٹک کی تہہ جمی ہوئی تھی۔ ناک کی جڑ سے لبوں کے گوشوں تک دو گہری قوسیں بنی ہوئی تھیں۔ جنہیں دیکھ کر ایسا لگتا تھا کہ عمر کا کارواں —— یہاں کافی عرصے قیام کر چکا ہے۔ پیشانی پر دونوں خمار بھنووں کے درمیان ایک موٹی سی لکیر اُبھری ہوئی تھی۔ جو اس کے تجربوں اور مشاہدوں کی ایک طویل کہانی سنا رہی تھی۔ ونود کے جائزے سے گھبرا کر چھایا بول پڑی۔

کیا بیٹھنے کے لئے بھی نہیں کہیں گے ڈاکٹر ناگپال؟''

''تشریف رکھیئے ڈاکٹر—— آپ کب آئیں؟''

''کناڈا سے——یا——؟''

''میرا مطلب تھا کہ آپ اپنے وطن کب واپس آئیں''؟

''پچھلے ماہ ہی آئی ہوں۔''

اس نے ایک لمبی سانس لے کر کہا۔

''پورے دس سال کے بعد—؟''

''ہاں''جیسے دس صدیاں بیت گئی ہوں''—

''کتنی چھٹی لے کر آئی ہیں؟''—

''میں ہمیشہ کے لئے آ گئی ہوں''—

''اوہ''—ونود کسی سوچ میں ڈوب گیا۔

''کیا آپ کو میرے آنے سے خوشی نہیں ہوئی؟''—

''میری خوشی—ناخوشی کا کیا سوال ہے ڈاکٹر—؟''

اس نے افسردگی سے کہا۔ چھایا مسکراتی رہی—

''پھر اب کیا ارادہ ہے؟''ونود نے رسمی سا سوال کیا۔

''وہی—جو پہلے تھا''۔ چھایا کا لہجہ کچھ شوخ ہو گیا—

''میں سمجھا نہیں؟''۔

''ونود میں تمہارے لئے واپس آئی ہوں۔ تمہارے آدرشوں میں شریک ہونے آئی ہوں۔ کیا تم نے بھی اب تک میرا انتظار نہیں کیا؟''—

''شاید کیا ہے''—

''لو یہ رہا میرا اپائمنٹ لیٹر—ڈاکٹر آشا اگروال کی جگہ اب میں یہاں کام کروں گی''—

ونود نے کاغذ سمیت اس کے دونوں ہاتھ تھام لئے اور چھایا ہنس پڑی۔ اس کی آنکھوں میں چمکتے ہوئے دو موتی بھی ہنس پڑے۔

☆☆

لیلیٰ مجنوں

اُن دنوں نواب صاحب کی بیٹھک میں خاصی چہل پہل دیکھنے میں آ رہی تھی۔ جا بجا کھونٹیوں پر رنگ برنگی جھِل مِل کرتے زنانہ اور مردانہ ملبوسات لٹکتے نظر آتے تھے۔ ٹین کی بنی ہوئی چمک دار تلواریں اور خنجر دیواروں پر سجے تھے۔ دو تین آدمی مصنوعی ڈاڑھیاں، مونچھیں اور بال از سرِ نو درست کرنے میں مصروف تھے۔ نقلی موتیوں کے زیورات، بادشاہ اور ملکہ کے تاج، شاہی دربار میں کام آنے والا ساز و سامان بنایا، سنوارا جا رہا تھا۔ کبھی کے رکھے دھرے پردوں پر حسبِ ضرورت پینٹ کر کے مختلف منظروں کو اجاگر کیا جا رہا تھا۔ کسی پردے پر ریگستان کا منظر تھا۔ کھجور کے درختوں کے پیچھے اونٹوں کا قافلہ کسی انجان منزل کی طرف بڑھ رہا تھا۔ ایک پردے پر اونٹ کی پشت پر محمل میں لیلیٰ کو جلوہ افروز دکھایا گی تھا۔ اور ایک پردے پر نخلستان کا منظر پیش کیا گیا تھا۔ یہ سارے پردے تھیٹر میں کام آتے تھے۔

رات کو سارا تام جھام سمیٹ کر ایک کنارے رکھ دیا جاتا تھا۔ اور نواب صاحب اپنی پیٹی (ہارمونیم) لے کر بیٹھ جاتے تھے۔ نقی حسین سارنگی سنبھالتے۔ اور استاد اللہ بخش طبلے پر سنگت کرتے تھے۔ پھر شروع ہو جاتی لیلیٰ مجنوں کی رہرسل۔ اوّل اوّل حمدِ باری گائی جاتی۔ منظوم مکالمے گائے جاتے۔ اداکار اپنے اپنے پارٹ ادا کرتے اور اداکاری کی رہرسل کرتے۔ منوّر عرف قیس۔ عرف مجنوں دن رات اداس غمگین اور پھٹے حالوں رہ کر گویا اپنے کردار کو زندہ جاوید بنانے کے سارے گُر آزما رہے تھے۔ ان کی آواز میں ایسی رقّت

پیدا ہوگئی تھی کہ مخاطب بغیر بتائے ہی سمجھ جاتا تھا کہ یہ ضرور مجنوں کا پارٹ کرنے والے ہیں۔ لیلیٰ کے باپ عرف کمسن مرزا کی حرکات وسکنات سے ایک متکبر اور جابر باپ کے سارے تیور عیاں تھے۔ اور وہ ان دنوں اپنے گھر میں بھی بیوی، بچوں پر خاصا رعب گانٹھتے تھے۔ غرض ہر کردار گویا چلتے پھرتے۔ اٹھتے بیٹھتے لیلیٰ مجنوں کا تماشا دکھا رہا تھا۔

یہ ساری تیاریاں ایک طرف تھیں اور لیلیٰ کا کہیں نام ونشان نہیں تھا۔ سابق لیلیٰ عرف دلارے۔ دو برس میں ڈنڈ بیٹھک پیل کر اور سیروں کے حساب سے دودھ پی کے پہلوان نظر آنے لگا تھا۔ نئی لیلیٰ کی تلاش میں تھیٹر کے مالک نواب صاحب اور دوسرے کارکن سخت پریشان تھے۔ بظاہر لیلیٰ کا ملنا آسان نہیں تھا۔ شرفائے محلّہ اور شرفائے شہر تھیٹر دیکھنے آتے تو گویا نواب صاحب کی سات پشتوں پر احسان کرتے۔ لیکن تھیٹر کے باہر مجال نہیں تھی کہ ان کے صاحبزادے کہیں 'لیلیٰ مجنوں' کے اشعار یا مکالمے دوہرا لیتے — ملازموں تک کو سخت تاکید اور تنبیہہ کی جاتی تھی کہ نوعمر صاحبزادوں کے روبرو اس منحوس اور جناتی عشق کا چرچا نہ کریں غریبوں میں تو ویسے بھی فنونِ لطیفہ سے دلچسپی کم ہی ہوتی ہے۔ ان سے پردہ گروایا جاسکتا ہے۔ سامان ڈھونے اور بانس بلّی گاڑنے کا کام لیا جاسکتا ہے۔ لیکن اداکاری ان کے بُس کی بات کہاں؟ اب رہا متوسّط طبقہ — تو پورے سماج کی ناک کی حفاظت کا ٹھیکہ تو اسی کے سر ہوتا ہے۔ لہٰذا اس طبقے میں بھی کسی لیلیٰ کا ملنا محال تھا۔ اُمراء اور رؤسا خود بھی ناچ رنگ کی محفلیں جماتے تھے اور کھیل تماشوں کی سرپرستی بھی کرتے تھے۔ تھیٹر دیکھنے آتے تو اگلی قطاروں میں بڑے کرّ وفر سے براجمان ہوتے۔ اور نواب صاحب ان سے ٹکٹ کے پیسے بھی نہیں لیتے تھے۔ وہ تو بُس ان کی سرپرستی اور تشریف آوری سے ہی نہال ہوجاتے تھے۔ اب چاہے ان کے نازک اندام اور حسین صاحبزادے مَسیں بھیگنے سے پہلے چوک کے کوٹھوں پر ادب آداب سیکھنے چڑھیں اور 'بالغ' ہوکر اتریں۔ چوسر پچیسی کھیلیں یا ہر قسم کی 'بازیوں' پر طبع آزمائی کریں۔ لیکن تین چار گھنٹے کی یہ بے ضرر تفریح ان کے لئے ممنوع قرار دی جاچکی تھی۔ اندیشہ تھا کہ 'لیلیٰ مجنوں'۔ یا 'شیریں فرہاد'' جیسے کھیل دیکھ کر یہ صاحبزادے کسی لیلیٰ یا شیریں کے عشق میں گرفتار ہوکر گریبان چاک کرکے

دشت و بیابانوں کی خاک چھاننے نہ نکل کھڑے ہوں۔ یا تیشہ سنبھالنے کی مشق نہ کرنے لگیں۔ (یہ کوئی نہ سوچتا کہ بھلا ان نازک کلائیوں سے تیشہ اٹھتا بھی کیسے) جب بہت تلاش کے باوجود موزوں اور مناسب لیلیٰ کا کہیں سُراغ نہ ملا تو مجبوراً نواب صاحب نے نوٹنکی اور رام لیلا میں کام کرنے والے لڑکوں کو بلا کر دیکھا پرکھا کہ شاید ان میں اپنے مطلب کی کوئی صورت مل جائے۔ لیکن ان بے ڈھنگے، بے ڈول اور کرخت چہرے والے لڑکوں میں وہ بات، کہاں جو انہیں اصلی لیلیٰ سے ملتا جُلتا بنا سکتی۔ کہاں وہ نازک اندام، سرو قد، سانولی سلونی اور شاہانہ وقار کی مالک لیلیٰ۔ اور کہاں یہ چوراہوں اور گلیوں میں اُچک پھاند کرنے والے چھچھورے لڑکے جو لیلیٰ کے ساربان بننے کے لائق بھی نہ تھے۔

کسی زمانے میں تماشائی دلارے پر بری طرح عاشق تھے۔ لیکن اس گدّی بچّے نے کوئی ٹھیکہ تو لے نہیں رکھا تھا کہ وہ ساری عُمر اسٹیج پر لیلیٰ اور شیریں کا پارٹ کرتا رہے گا۔ بہر حال لیلیٰ کا سوال اب بھی اپنی جگہ موجود تھا اور کھیل کی رہرسل دھڑا دھڑ ہو رہی تھی۔ کچھ ہمدردوں نے تو یہ بھی مشورہ دیا تھا کہ لیلیٰ مجنوں کے بجائے ''رستم و سہراب'' کھیلا جائے۔ کم از کم دلارے رُستم۔ یا سہراب کا پارٹ تو کر سکے گا لیکن نواب صاحب نے یہ احمقانہ مشورہ ٹھکرا دیا۔ اب یہ محض کھیل نہیں رہا تھا بلکہ ان کی عزّت کا سوال بن چکا تھا۔ اس رومانی داستان میں خدا جانے کیا تاثیر تھی کہ ہزاروں بار اسٹیج پر پیش ہونے کے باوجود اس میں وہی کشش تھی جیسی آغا حشر کشمیری کے زمانے میں تھی — اس رومانی داستان کی مقبولیت میں کبھی کمی نہیں آئی۔ اضافہ ہی ہوتا رہا۔

نواب صاحب نے جب ہوش سنبھالا تو آغا حشر کشمیری کی تھیٹر کمپنی، کی شہرت عروج پر تھی۔ نواب صاحب اس کمپنی کے کھیل دیکھ کر اتنے متاثر ہوئے کہ خود بھی ایک تھیٹر کمپنی بنا ڈالی۔ اپنے محدود وسائل کے باعث وہ کمپنی کو کوئی نمایاں کامیابی تو نہ دلا سکے۔ البتہ اپنے شوق کی تکمیل کی خاطر سال چھ مہینے میں ایک بار ہفتہ دس دن تک اپنا کھیل ضرور دکھاتے تھے اور داد بھی پاتے تھے۔ کم از کم شہر میں ان کے پیش کئے ہوئے ڈرامے بہت پسند کئے جاتے تھے — لیکن اس بار لیلیٰ نے گویا ان کی ساری امیدوں پر پانی پھیر دیا تھا —

ایک دن استاد اللہ بخش نے 'لیلیٰ' کو نواب صاحب کے سامنے لا کر کھڑا کر دیا۔ اور اپنے مخصوص لہجے میں نہایت قرأت کے ساتھ بدلے۔

''حضور — یہ رہی آپ کی لیلیٰ''—

نواب صاحب نے بے یقینی سے پہلے انہیں۔ پھر لیلیٰ کو اوپر سے نیچے تک دیکھا۔ اور اگلے ہی پل مارے خوشی کے اُچھل پڑے۔

''اماں اس چھوکرے کو اب تک کہاں چھپا رکھا تھا؟''

اللہ بخش نے زیرِ لب تبسم فرمایا لیکن کوئی جواب نہیں دیا۔ یوں بھی وہ کم گو انسان تھے۔ البتہ ان کے مشّاق ہاتھ سنگیت کی زبان میں خوب باتیں کرتے تھے۔ نواب صاحب نے بھی ان کے جواب کی چنداں پرواہ نہیں کی۔ اور سامنے کھڑے لڑکے کا جائزہ لینے لگے۔ ابھی اس کی مَسیں نہیں بھیگی تھیں۔ چھریرا جسم — سُبک سُبک ناک نقشہ — گندمی رنگ — جھکی جھکی آنکھیں اور پتلے پتلے ہونٹوں پر سو فیصدی، لیلوی، مسکراہٹ — گویا بنی بنائی لیلیٰ ان کے سامنے موجود تھی۔

نواب صاحب نے اسی وقت ایک لڑکے کو بازار دوڑا کر امرتیاں منگوائیں — اور مسولا مشکل کشا علیؑ کی نذر دی۔ پھر بسم اللہ کہہ کر ریاض کو مکالمے یاد کرانے لگے۔ لیکن وہ حیرت زدہ رہ گئے جب اس نے نہایت خوبی اور مہارت سے فر فر سارے مکالمے ادا کیے۔ یہی نہیں اس نے لیلیٰ کے پارٹ کے منظوم مکالمے اور اشعار بھی بڑی خوبصورتی سے گا کر سنائے۔ اچانک اتنی مکمل لیلیٰ کا مل جانا کسی کرشمے سے کم نہ تھا۔ نواب صاحب نے بے حد شفقت سے ریاض سے پوچھا۔ ''میاں تمہیں تو سارے مکالمے اور اشعار تک یاد ہیں یہ سب کیسے سیکھے۔''—؟

''جی — وہ پچھلی بار میں نے آپ کا کھیل دیکھا تھا''

ریاض نے شرماتے ہوئے بتایا۔

''ماشاء اللہ غضب کا حافظہ پایا ہے۔ تم نے تو کمال کر دیا۔ اس بار ہمارا کھیل ہمیشہ سے زیادہ پسند کیا جائے گا۔ دلارے کی آواز تو ڈوب میں آنے کے بعد بالکل پھٹا

بانس ہوگئی تھی۔ مجبوراً ہم نے اس کے اشعار دوسرے لڑکے سے گوائے تھے۔ تمہاری آواز بالکل منجھی ہوئی ہے۔ اور ایسا درد ہے گلے میں کہ سننے والے سچ مچ کی لیلیٰ کا دھوکہ نہ کھا جائیں تو ہمارا نام بدل دینا''۔۔۔

اپنی تعریف سن کر ریاض کا چہرہ کھِل اُٹھا۔ اس نے کنکھیوں سے منوّر۔۔۔ عرف قیس۔۔۔ عرف مجنوں کی طرف دیکھا اور منوّر اسی پل اِس لیلیٰ پر ہزار جان سے عاشق ہوگیا۔ (اس سے پہلے وہ دلارے پر بھی اسی زور وشور سے عاشق ہوا تھا)۔۔۔۔ اس کا ہاتھ تھام کر لگاوٹ سے بولا۔۔۔

''میں تو استاد سے کہوں گا کہ تمہیں ہماری کمپنی میں داخل کرادیں۔ آخر اس سے پہلے تم کہاں تھے یار؟''۔۔۔۔ استاد بھی ایک ہی گھُنّے ہیں۔ کبھی تمہارا ذکر ہی نہیں کیا۔

''۔۔۔۔ میں اپنی خالہ کے پاس محمود آباد میں رہتا تھا۔۔۔ میرے خالو سرکار میں ملازم ہیں''۔۔۔۔

ریاض۔۔۔۔ منوّر کے ہاتھ پکڑنے سے ایسا گھبرایا کہ پسینے پسینے ہوگیا۔ اور منوّر قہقہہ مار کر ہنس پڑا۔

جب سارا انتظام مکمل ہوگیا تو نواب صاحب نے اللہ کا نام لے کر کھیل کی تاریخ کا اعلان کردیا۔ اور زور وشور سے 'لیلیٰ مجنوں' کی پبلسٹی ہونے لگی۔ ایک آدمی دن بھر یکّے پر محلّے محلّے گھومتا۔ اور بھونپو میں چلّا چلّا کر کھیل کی تاریخ کا اعلان کرتا۔ کئی لڑکے پوسٹر چپکانے اور اشتہار بانٹنے میں مصروف تھے۔ چند روز میں سارے شہر کو معلوم ہوگیا کہ ان کا پسندیدہ ڈراما اسٹیج پر پیش ہونے والا ہے۔ نواب صاحب کے گھر کے سامنے میدان میں بانس اور بلّیاں گاڑ کر سرخ اور سبز رنگ کا شامیانہ تانا گیا۔ اُودی گوٹ کی زعفرانی قناتیں گھیر کر وسیع ہال بنایا گیا۔ اونچے سے اسٹیج پر سامنے کے رخ گراری پر چلنے والے پردے لگائے گئے۔ جن کو حسبِ ضرورت کھولا اور بند کیا جاتا تھا۔ اسٹیج کی پُشت پر سینری والے پردے لگائے گئے۔ اسٹیج کے ایک پہلو میں سازندوں کے بیٹھنے کا انتظام تھا۔ اور دوسرے پہلو میں اداکاروں کے آنے جانے کا بندوبست تھا۔ یہ حصّہ نواب صاحب کی بیٹھک سے ملا ہوا

تھا— جہاں سے اداکار تیار ہو کر اپنی باری پر آسانی سے اسٹیج پر آسکتے تھے— اسٹیج کے نیچے ایک لمبا چوڑا گڑھا کھود کر روشنی دکھانے والوں کے بیٹھنے کا انتظام کیا گیا تھا— یہ لوگ موقع کی مناسبت سے اسٹیج پر ہری لال— اور زرد روشنی فوکس سے پھینکتے تھے۔ تماشائیوں کے بیٹھنے کے لئے بھی حسبِ مراتب نشستوں کا خاص دھیان رکھا گیا تھا۔ اگلی قطار میں آرام دہ کرسیاں ترتیب سے لگی تھیں۔ ان کے پیچھے معمولی بنچیں تھیں۔ اور سب سے پیچھے۔ چلمنیں اور پردے ڈال کر مستورات کے بیٹھنے کا انتظام کیا گیا تھا۔ جہاں بیگمات اپنے نقشیں پاندان خاصدان اور اگالدان سمیت خوبصورت اور زرق ترق ملبوسات زیب تن کئے۔ قیمتی زیورات سے سجی۔ گاؤ تکیوں کے سہارے تختوں کے چوکے پر اس سج دھج سے فروکش ہوتی تھیں جیسے کسی تقریب میں شرکت کرنے آئی ہوں۔ کھیل کے دوران باندیاں بڑی مستعدی سے کشمیری چائے اور میووں سے ان کی مُدارات میں ہمہ تن مصروف رہتی تھیں۔ اور وہ چاندی کے ورق لگی گلوریاں نوش کرتے ہوئے—— کھیل میں کم اور خاندانی قضیوں میں زیادہ دلچسپی لیتی تھیں— تھیٹر کے باہر ٹکٹ گھر بنا تھا۔ اور داخلی گیٹوں پر باقاعدہ ٹکٹ چیک کرنے والے کھڑے تھے۔ جو اپنی جان پہچان والوں کو بڑی خندہ پیشانی سے بے ٹکٹ اندر بھیج دیتے تھے۔ شہر بھر کے خوانچے والے اور دوکاندار اپنی دوکانیں سجا کر تماشائیوں کو کام و دہن کی فکر سے نجات دلانے میں جوش و خروش سے مصروف تھے۔ غرض ہر طرف خوب ہی رونق تھی۔

پہلے روز ہی سیکڑوں تماشائی ٹکٹ گھر کی۔ کھڑکی پر ٹوٹ پڑے۔ اس بار کھیل میں لوگوں کی دلچسپی کا خاص سبب نئی لیلیٰ تھی— (یا تھا)— جس کی خوب زوردار پبلسٹی کی گئی تھی۔ پرانی لیلیٰ تو ٹھاٹ سے ہر طرف گھومتی پھرتی تھی۔ لیکن نئی لیلیٰ کی جھلک تک کسی محلّے والے نے بھی نہیں دیکھی تھی۔ البتہ ساتھ کام کرنے والوں نے اس کی خوبصورتی اور آواز کی خوب خوب تعریفیں کی تھیں۔ جس نے شوقین مزاجوں کی آتشِ شوق کو اور ہوا دی تھی۔

کھیل شروع ہوا۔ سب سے پہلے چند چھوٹے چھوٹے۔ خوش شکل بچّوں نے حمدِ باری گائی اس کے بعد اصل کھیل کی ابتدا ہوئی۔ ننھی لیلیٰ اور کم عُمر قیس کے مکتب میں پڑھنے کا

سین تھا۔ مولوی صاحب کی قمچی شپ سے قیس کی پُشت اور ہاتھوں پر پڑتی ہے۔ اور لیلیٰ تڑپ اٹھتی ہے۔ اس کی بھی پُشت اور ہاتھوں پر قمچی کی ضربوں سے لال۔ لال برتیں اُچھل آتی ہیں۔ اور خون چھلک اٹھتا ہے۔ (ہائے کیسی زوردار محبت ہوا کرتی تھی اس زمانے میں)۔

عمر کے ساتھ ان کے عشق کا جنون بڑھتا رہتا ہے۔ اور بے چارہ قیس۔ مجنوں بن کر پتھر کھاتا ہے تو لیلیٰ تڑپ کر کہہ اٹھتی ہے ــــ

''کوئی پتھر سے نہ مارے میرے دیوانے کو''ــــ

تماشائیوں کی نظریں لیلیٰ پر مرکوز تھیں۔ وہ اس کی نزاکت اور خوبصورتی پر فدا ہوئے جا رہے تھے۔ کھیل ختم ہونے کے بعد جب وہ تھیٹر سے باہر نکلتے۔ تو ان کی زبان پر بس لیلیٰ کا ہی ذکر ہوتا۔ اس کے گائے ہوئے اشعار گلی کوچوں میں۔ خلوت اور جلوت میں گاتے۔ اور مکالمے مزے لے لے کر دوہراتے۔ اگر کسی وقت میاں مجنوں نظر آ جاتے تو ان کا جذبہٗ رقابت اُمڈ پڑتا۔ وہ اس پر خوب جُملے کستے اور اس کا خوب ہی مذاق اڑاتے۔ منوّر ان کی طنزیہ باتوں کو ہنس کر ٹال دیتا۔ اور اکثر ریاض سے بھی ان نوجوانوں کے طوفانی عشق کا ذکر کر کے لطف لیتا۔ ریاض شرما جاتا۔

ایک ہفتے متواتر لیلیٰ مجنوں کا کھیل بڑی کامیابی سے دکھایا گیا۔ آخری شو کے بعد پروگرام کے خاتمے کا اعلان کیا گیا تو تماشائی بہت مایوس ہوئے۔

اگلے دن سویرے سے مزدور شامیانہ اور قناتیں اتارنے میں لگے ہوئے تھے۔ نقی حسین ــــ قیصر مرزا ــــ اور دلارے اپنی نگرانی میں سارا کام کرا رہے تھے ــــ اور قیمتی سامان گودام میں رکھوایا جا رہا تھا ــــ مستقبل قریب میں پھر یہ ساز و سامان کام آنا تھا۔

باہر تو یہ سب ہو رہا تھا۔ اور بیٹھک میں استاد اللہ بخش ایک گوشے میں سر جھکائے بیٹھے تھے۔ ان کی ڈاڑھی آنسوؤں سے تر تھی۔ ان سے زیادہ برا حال نواب صاحب کا تھا۔ وہ دونوں ہاتھوں میں سرِ تھامے ایسے بیٹھے تھے۔ جیسے کسی جنازے کے سرہانے بیٹھے ہوں۔ سامنے کھونٹی پر لیلیٰ اور مجنوں کے لباس ٹنگے تھے۔ اور ایک خاندانی میراثی کی عزّت کا مذاق اڑا رہے تھے۔ جس کی اکلوتی بیٹی رضیہ ــــ عرف ریاض ــــ عرف لیلیٰ ــــ اپنے عاشق

منوّر۔عرف قیس۔عرف مجنوں کے ساتھ رات میں فرار ہوگئی تھی۔اوراب خدا جانے کس نجد کے صحرا میں اپنی محبت کا ثبوت دینے میں مصروف تھی۔یا پھر وہ دونوں دنیا کے اسٹیج پر لیلیٰ مجنوں کی داستان کو حقیقت کا رنگ دینے میں کھو گئے تھے۔بیٹھک میں چاروں طرف نقلی موتیوں کے زیورات۔تاج اور ملبوسات اس طرح' الجھے پڑے تھے— جیسے یہاں گھمسان کا زن پڑا ہو۔

گھمسان کا ایک زن تو استاد اللہ بخش اور نواب صاحب کے دلوں میں بھی پڑ رہا تھا— باہر کوئی شریر لڑکا بھونپو میں چلّا رہا تھا—

''آپ کے شہر میں آ گئے— دھوم مچانے کے لئے لیلیٰ مجنوں— لیلیٰ مجنوں— مہربان— قدر دان— اپنی نئی لیلیٰ کو دیکھئے۔لیلیٰ مجنوں میں۔لیلیٰ مجنوں۔

☆☆

تلاش

بے حد خوبصورت۔ بے حد ماڈرن اور بے حد تعلیم یافتہ مہک نایاب — چاندی کا نہیں۔ سونے کا چمچ مُنہ میں لے کر پیدا ہوئی تھی۔ اور چاندی کے چمچ والا محاورہ غلط ثابت ہو گیا تھا — اس کی پرورش اور تعلیم و تربیت کے لئے ایک گورنس اور اس کی ذاتی خدمت کے لئے آیا ملازم تھی۔

— پہلے کانونٹ اسکول — پھر کالج — اور پھر جو اڑان بھری تو سیدھی آکسفورڈ میں پہنچ کر دم لیا۔ وہاں رہ کر کئی ڈگریاں لیں۔ جب وہ اپنے خداداد حسن اور علم سے لدی پھندی وطن واپس آئی تو آس پاس نظر آنے والے دولت مند، خوبرو۔ اسمارٹ اور خاندانی رئیس زادے اس کی نظر میں حقیر کیڑوں سے زیادہ اہمیت نہیں رکھتے تھے۔ اس نے تو اپنے آکسفورڈ کے ساتھیوں کو بھی گھاس نہیں ڈالی تھی۔ اعلیٰ خاندان کے شاہی خطاب یافتہ نوجوان جن کو خود بھی اپنے باپ دادا کی دولت کا اندازہ نہیں تھا۔ جن کی رہائش کسی 'پیلس' یا 'وِلا' میں تھی — جن کی ہر رات نائٹ کلب میں گزرتی تھی — اور وہ ہر سال اپنی کار کا ماڈل بدل دیتے تھے۔ کوششِ بسیار کے باوجود وہ اسے تسخیر نہیں کر سکے تھے۔ وہ کوئی عام لڑکی نہیں تھی جو مغرب کے مغرور، دولت مند، اور گوری چمڑی والے رئیس زادوں سے متاثر ہو جاتی۔ اور ان کے ساتھ عام لڑکیوں کی طرح سیر و سیاحت کرتی۔

اس کے ڈیڈی خاندانی رئیس تھے۔ جن کے آباء و اجداد کو انگریز سرکار نے ان کی وفاداری کے صلے میں 'سَر' کا خطاب دیا تھا اور بطور انعام کئی تعلقے بخشے تھے — اس کے گھر

کا ماحول سراسر مغربی تھا۔ کھانے کی میز پر چھری کانٹے۔ نیپکن اور تازہ پھولوں کے گلدستوں کو دیکھ کر کسی لارڈ گورنر کا ڈائننگ روم یاد آجاتا تھا— قیمتی کٹلری اور چاندی کے ظروف روزمرہ کے استعمال میں رہتے تھے۔ ان کے کچن میں انگریزی بولنے والا خانساماں تھا۔ جو انگلش، فرنچ، چینی— اور مغلئی ڈشیں بنانے میں اپنا جواب نہیں رکھتا تھا۔ باوردی بیرے خدمت میں حاضر رہتے تھے۔ وہ عام ہندوستانیوں کی طرح ناشتہ اور کھانا نہیں کھاتے تھے۔ بلکہ ''چھوٹا حاضری۔ اور بڑا حاضری، کا کلچر سختی سے عائد تھا۔ ان کی زندگی کے کچھ اصول تھے۔ اور ان کے شب و روز ایک مخصوص ضابطے کے تحت گزرتے تھے سونے جاگنے۔ اور کھانے پینے کے آداب پر سختی سے عمل ہوتا تھا۔ ان کا میل جول بھی ہر کس و ناکس سے نہیں تھا۔ چند خاص خاص۔ خاندان اور لوگ تھے جہاں ان کا آنا جانا تھا۔ اور اس میں بھی مراتب کا لحاظ وخیال رکھنا ضروری تھا۔ ایسے ماحول کی پروردہ مہک نایاب کی نظر میں بھلا کسی کی کیا اہمیت ہوسکتی تھی؟۔

مغربی تہذیب کی پروردہ ہونے کے باوجود اسے گوری چمڑی والے نوجوان ایک آنکھ نہیں بھاتے تھے۔ یہی سبب تھا کہ اس نے مائیکل۔ ایڈورڈ۔ یمسن اور ان جیسے لوگوں کو ہمیشہ اپنی سینڈل کی نوک پر مارا۔ اسے تو ان لڑکیوں پر ترس آتا تھا جو ایسے نوجوانوں کے ساتھ ایک راؤنڈ ڈانس کرنے کے لئے مری جاتی تھیں۔ اور خوشی خوشی ان کے ساتھ سیر و تفریح کے لئے جانے کو کسی اعزاز سے کم نہیں سمجھتی تھیں— لیکن مہک نایاب ان سے کوسوں کے فاصلے پر رہتی تھی۔ اس کی فطرت کا یہ تضاد بظاہر ناقابلِ یقین لگتا تھا۔ لیکن وہ یہ حقیقت فراموش کرنے کے لئے تیار نہیں تھی کہ ماڈرن اور آزاد خیال ہونے کے باوجود اس کی جڑیں مشرق کی مٹی میں پیوست ہیں۔ لہٰذا جب وہ اپنی تعلیم مکمل کر کے وطن واپس آئی تو پورے اعتماد اور وقار کے ساتھ آئی۔ یہاں اس کے اپنے خاندان میں۔ اور خاندان کے باہر بھی کئی رشتے اس کے منتظر تھے۔ جن کا معیارِ زندگی اور رہن سہن کسی طرح اس سے کم نہیں تھا۔ اور والدین کا خیال تھا کہ اس کی مرضی کے مطابق فوراً اس کا رشتہ پکا کر دیں گے۔ اور جلد سے جلد اس کی شادی کے فرض سے سبکدوش ہو جائیں گے۔ اگر ان کی پسند پوچھی جاتی

تو انہیں نواب ہادی کے دونوں صاحبزادے بہت پسند تھے۔ جو ہاورڈ یونیورسٹی کے فارغ التحصیل تھے۔ رائیڈنگ، سوئمنگ اور شوٹنگ کے چیمپین تھے۔ ان کے گھر کی تہذیب اور طرزِ زندگی ان کے مزاج کے عین مطابق تھی — اور دولت کی ریل پیل تھی۔ ان کے علاوہ مشہور صنعت کار سیٹھ ہارون کا اکلوتا بیٹا بھی انہیں پسند تھا۔ جس نے جرمنی سے انجینیری کی ڈگری لی تھی۔ اور واپس آنے کے بعد اپنے باپ کی فیکٹریوں کے لئے نئے آسمان تلاش کئے تھے۔ اب یہ فیکٹریاں سونا اگل رہی تھیں۔ ایک قریبی دوست جو مرکزی حکومت میں وزیر تھے۔ اب اپنے لڑکے کو صوبائی الکشن لڑانے کی تیاریاں کر رہے تھے۔ انہوں نے تو دوستی کا واسطہ دے کر مہک پر اپنا پہلا حق جتاتے ہوئے اپنی دانست میں رشتہ بھی پکّا کر دیا تھا۔ لیکن — والدین نے بڑی دیانتداری سے فیصلہ مہک پر چھوڑ دیا تھا۔

مہک نے تو سب کی امیدوں پر پانی ہی پھیر دیا۔ اور سارے رشتوں کو رَد کر دیا۔ وہ یونیورسٹی میں انگلش لٹریچر پڑھانے لگی۔ خالی وقت میں وہ معیاری اخباروں اور میگزین میں آرٹیکل لکھتی تھی۔ اس کا ارادہ ایک میگزین نکالنے کا بھی تھا۔ جس کا خاکہ اس کے ذہن میں برسوں سے تشکیل اور تکمیل کے مراحل طئے کر رہا تھا۔ وہ اپنا میگزین یورپ کے معیاری اور مقبول میگزینوں کے خطوط پر نکالنا چاہتی تھی ارا سے نئی بلندیاں عطا کرنا چاہتی تھی — یہ صرف اس کا شوق نہیں — بلکہ مشن تھا — اور اس معاملے میں وہ بے حد سنجیدہ تھی۔ وہ کوئی عام لڑکی نہیں تھی۔ جن کی زندگی کا مقصد دولت عیش و آرام۔ شوہر اور بچّے ہوتے ہیں۔ اس کی سوچ بالکل منفرد تھی۔ اور اپنی انفرادیت قائم رکھنے کے لئے کسی حد تک بھی جاسکتی تھی۔ حتیٰ کہ وہ ماں باپ کی ناراضگی مول لینے کے لئے بھی تیار تھی۔

مہک عام طور سے جینز اور ٹاپ پہننا پسند کرتی تھی۔ لیکن یونیورسٹی میں ساڑی۔ شلوار سوٹ اور چوڑی دار پاجامہ وغیرہ پہنتی تھی۔ میک اپ سے اسے اِلرجی تھی۔ زیور کے نام پر کانوں میں ننھی ننھی بالیاں پڑی رہتی تھیں۔ جو کان کی لو سے چپکی رہتی تھیں۔ داہنی کلائی میں نازک سا بریسلٹ۔ اور بائیں کلائی میں رسٹ واچ رہتی تھی — اس کے تراشیدہ بالوں کی قدرتی لہریں اکثر ہیر بینڈ میں قید رہتی تھیں — وہ ہر لباس میں اچھی لگتی تھی۔ اور نہ صرف

ساتھی مردوں سے بلکہ خواتین سے بھی ایک فاصلہ برقرار رکھتی تھیں۔ بس زینب سے اس کی گہری دوستی تھی۔ جو اردو ادب پڑھاتی تھی۔ بظاہر مغرب اور مشرق کا ملن ناممکن نظر آتا تھا۔ لیکن زینب اور مہک نے اسے ممکن کر دکھایا تھا۔ خالی وقت میں وہ دونوں سب سے الگ تھلگ بیٹھ کر کافی پیتی تھیں۔ اور گپ شپ کرتی تھیں۔ مہک کو زینب کی یہ بات بہت پسند تھی کہ وہ ذاتیات پر گفتگو کرنے سے گریز کرتی تھی۔ ان کی دوستی نبھنے کی یہ بھی ایک وجہ تھی۔

اس روز بھی وہ دونوں الگ تھلگ کمرے میں بیٹھی کافی پی رہی تھیں۔ کہ ان کی گفتگو کا رخ شادی کی طرف مڑ گیا۔ زینب نے کہا۔

''ان دنوں گھر میں میری شادی کو لے کر سب لوگ بہت سنجیدہ ہیں۔ اور کئی رشتے زیرِ غور ہیں۔''

''تمہاری اپنی کیا رائے ہے؟''—

مہک نے سنجیدگی سے سوال کیا۔ اور کافی کا کپ کنارے رکھ دیا۔

''میری کیا رائے ہو سکتی ہے۔ جو گھر والے چاہیں گے وہی ہوگا۔''

یعنی تم ان کی پسند سے شادی کرنے کے لئے تیار ہو؟''—

'اوّل تو یہ جان لو کہ میری اپنی کوئی پسند نہیں ہے۔ جو انتخاب کا سوال پیدا ہو۔ اور اگر میری پسند اور انتخاب والدین کو پسند نہ آتا— تو مزید الجھن پیدا ہوتیں— اس لئے بہتر یہی ہے کہ فیصلہ ان پر چھوڑ دوں''—

''کیا تم کسی ناپسندیدہ انسان کیساتھ زندگی گزار سکو گی؟''—

''گزارنا تو پڑے گی''— زینب نے سادگی سے کہا—

''تم خود کوئی فیصلہ کیوں نہیں کرتیں۔ آخر تمہیں کیا مجبوری ہے؟'' مہک نے سختی سے پوچھا—

''سچ کہوں؟— مجھے خود پر اعتماد نہیں ہے اسی یونیورسٹی میں بہت سے تماشے دیکھ چکی ہوں۔ اس لئے ڈر لگتا ہے۔''

''مثلاً— کیسے تماشے؟''— سوال کیا—

''تم پروفیسر بھٹا چاریہ اور نلنی اہلوالیہ کو جانتی ہو؟''

''ہاں— جانتی ہوں''—

''دوسال پہلے ان کا طوفانی عشق شروع ہوا تھا۔ گھر والوں کی مرضی کے خلاف انہوں نے سول میرج کر لی۔ اور صرف ایک برس کے بعد ان کی طلاق ہوگئی۔ دونوں آج بھی اسی یونیورسٹی میں جاب کر رہے ہیں۔ لیکن ایک دوسرے سے یکسر اجنبی بن کر رہتے ہیں۔ خاندان والے بھی ناراض ہوئے اور یونیورسٹی میں بھی ان کی سبکی ہوئی۔ بلکہ مذاق اڑایا گیا۔ بتاؤ ایسی شادی سے کیا فائدہ؟''—

''ایسی چند مثالیں ہوں گی۔ لیکن ارینج میرج بھی تو طلاق پر ختم ہو سکتی ہے۔ بلکہ اس کا امکان کچھ زیادہ ہی ہے''

مہک نے سنجیدگی سے اپنا خیال ظاہر کیا—

''گھر والوں کے ٹھہرائے ہوئے رشتے میں۔ طرفین کو خاندان کا لحاظ اور خیال رکھنا پڑتا ہے— اور کسی نہ کسی طرح دونوں نبھانے کی کوشش کرتے ہیں''—

''یعنی سمجھوتہ؟— مہک نے طنزیہ کہا۔

''کیا حرج ہے؟ کم از کم طلاق کی نوبت تو نہیں آتی''

زینب کی خالص مشرقی ذہنیت نے مہک کو سُلگا دیا— ''تمہاری جیسی بزدل لڑکیاں ساری عمر کڑھ کر اور رو کر گزارتی ہیں۔ کم از کم میں ایسی ناکام زندگی کے خلاف ہوں''—

''مہک— ہم لوگ ابھی اتنے ماڈرن نہیں ہوئے ہیں''—

''بات ماڈرن یا دقیانوسی ہونے کی نہیں ہے زینب۔ بلکہ قوّت فیصلہ کی کمی کی ہے''—

''ایک بات کہوں— برا تو نہیں مانو گی''—

زینب نے جھجکتے ہوئے کہا۔

''کیا کہنا چاہتی ہو؟''—

''ماشاء اللہ تم اعلیٰ تعلیم یافتہ ہو۔ ماڈرن اور دولت مند بھی ہو۔ تمہارے جیسے اسٹیٹس والے لڑکوں کی کمی بھی نہیں ہے۔ پھر کیا وجہ ہے کہ کوئی تمہیں اب تک پسند نہیں آیا؟''—

''ضروری نہیں ہے کہ ایسا کوئی انسان پسند کرنے کے لائق بھی ہو۔ پسند بالکل الگ چیز ہے'' مہک نے متانت سے کہا لیکن زینب قائل نہیں ہوئی سوال کیا۔

''مان لو پسند کے چکّر میں تمہاری شادی کی عمر نکل گئی تب تم کیا کروگی؟''—

''سمجھوتے کی زندگی گزارنے سے بہتر ہے کہ میں شادی نہ کردی اور شادی کرنا اتنا ضروری بھی نہیں ہے''—

زینب کے سوال کی گہرائی اور تلخی نے اس پر کوئی اثر نہیں کیا—اور نہ ہی اس نے برا مانا—ہنس کر اپنا فیصلہ سنادیا—

''میں اپنی انفرادیت کو قتل کرنے کے لئے تیار نہیں ہوں''

''تم ایک مشکل لڑکی ہو۔ بے وقوف:-

زینب کی بے چارگی قابلِ دید تھی۔ مہک قہقہہ مار کر ہنس دی۔

زینب کی شادی ہوگئی۔ وہ بیاہ کر دوسرے شہر چلی گئی۔ مہک تنہا رہ گئی۔ اس نے کسی کی دوستی قبول نہیں کی۔ 'قلم' سے اس کی دوستی کچھ اور پکّی ہوگئی۔ وہ اپنے میگزین کی اشاعت کے سلسلے میں مصروف ہوگئی۔ صرف دو گھنٹے کے لئے یونیورسٹی جاتی۔ باقی سارا وقت میگزین کے خود خال سنوارنے میں مصروف رہتی۔

'ٹائم' کا پہلا شمارہ بڑی آب وتاب سے نکلا۔ اس کے پذیرائی بھی خوب ہوئی۔ مہک کے حوصلے کچھ اور بلند ہوگئے—وقت کا کارواں اپنے پیچھے بہت سی گرد چھوڑ گیا۔ اس گرد میں پہلے اس کے ڈیڈی چھپے۔ پھر ممی بھی چھپ گئیں۔ اب وہ اپنی محل نما کوٹھی میں تنہا رہ گئی۔ لیکن تنہا بھی کیوں؟—اس نے میگزین کا آفس گیسٹ ہاؤس میں منتقل کردیا—ملازم سب وہی تھے۔ اس نے کسی کو الگ نہیں کیا تھا— کوٹھی کی نگراں مِس مارتھا البتہ

ریٹائر ہوگئی تھیں۔ اور اپنے لڑکے کے پاس گوا واپس جا چکی تھیں۔ اس کے جتنے خواستگار تھے۔ سب کئی کئی بچّوں کے باپ بن چکے تھے۔ اور خوش گوار زندگی گزار رہے تھے۔ گاہے گاہے ان سے کسی تقریب میں ملاقات بھی ہو جاتی تھی۔ جینے اور جیئے جانے کا عمل جاری تھا۔ وہ بھی جی رہی تھی۔ اسے زندگی سے کوئی شکایت بھی نہیں تھی۔ اور ہوتی بھی کیوں؟— یہ زندگی اس نے خود پسند کی تھی— کسی نے اس پر تھوپی نہیں تھی—

'ٹائم' میگزین کے معاون ایڈیٹر طارق سیّد نے مہک کے سامنے ایک نئی تجویز پیش کی۔

''اگر ہم اپنے میگزین میں صوفیوں کی زندگی پر ایک فیچر شائع کریں تو یقیناً ہمارے قارئین کو یہ سلسلہ پسند آئے گا۔

''خیال تو بُرا نہیں ہے۔ لیکن اس میں بھی کچھ انفرادیت ہونا چاہئے۔ کوئی بھی موضوع ہو۔ اپنی تازگی اور نئے پن کی وجہ سے توجّہ کا مرکز بنتا ہے۔'' مہک نے خیال ظاہر کیا۔'' آپ کچھ وضاحت کریں گی؟'' طارق سیّد متوجہ ہو گئے۔'' میں چاہتی ہوں کہ اس فیچر میں پرانی کتابوں۔ تصویروں اور مضامین سے مدد لینے کے بجائے ہم خود ان صوفی حضرات سے ملیں اور ان کے خیالات اور نظریات سے آگاہی حاصل کریں۔ ان کے افکار قلم بند کریں۔ اور ان کے بزرگوں کے بارے میں معلومات حاصل کریں— اس سے ہمیں پرانی اور نئی نسل کو جاننے میں آسانی ہوگی۔ اور بدلتے ہوئے وقت کے تناظر میں اگر ان صوفیوں میں کوئی تبدیلی آئی ہے۔ تو وہ بھی ہمارے علم میں آئے گی۔''— ''بہت اچّھا خیال ہے۔'' طارق سیّد نے تائید کی۔

''مشہور و معروف درگاہوں اور مزاروں کے علاوہ ہم چھوٹے قصبات اور گاؤں میں فروکش صوفی حضرات اور سجّادہ نشینوں سے بھی ملیں گے''— کچھ سوچ کر اس نے کہا ''کیوں نہ ہم اپنے کام کی ابتدا انہیں قصبات سے کریں؟ طارق سیّد نے مہک کی تجویز سے اتفاق کیا—

''ٹھیک ہے— آپ ان کے بارے میں معلومات حاصل کریں تا کہ ہم اپنے

پروگرام کو عملی جامہ پہنا سکیں''——

مہک بہت پر جوش تھی۔ فلموں میں پیش کیے جانے والے مزاروں کے سیٹ۔ اور قوّالیوں کا انداز کبھی کبھی بہت مضحکہ خیز لگتا تھا۔ اب اصلی مزارات۔ خاندانی صوفیوں اور سجّادہ نشینوں سے قربت اور آگاہی سے ایک نیا تجربہ حاصل ہوگا۔

ان کے سفر کا آغاز طارق سیّد کی رہنمائی میں ہوا۔

ان کے مختصر سے قافلے میں ان دونوں کے علاوہ فوٹو گرافر جونی۔ ملازم سُنیل اور انور خاں ڈرائیور شامل تھے۔ ایک دن میں کم از کم دو قصبوں کو ''کور'' کرنے کا پروگرام تھا۔ لیکن کبھی ایسا بھی ہوا کہ ایک دن میں صرف ایک ہی جگہ کام ہو سکا۔

اس بار وہ جس جگہ جا رہے تھے اس کا فاصلہ ان کے اندازے سے کچھ زیادہ ہی تھا۔ شام کے قریب وہ لوگ قصبے میں داخل ہوئے۔ کھیتوں اور باغوں کا سلسلہ ہلکے دھندلکے میں بھلا لگ رہا تھا۔ جیسے جیسے وہ لوگ آبادی سے نزدیک ہوتے جا رہے تھے۔ دور پر ٹمٹماتے۔ چراغ انہیں راہ دکھا رہے تھے۔ فضا میں آم کے بور کی خوشبو رچی بسی تھی—— چھوٹی سی سفید مسجد سے ملحق مزار روشنی سے جگمگا رہا تھا اور سامنے کی کشادہ بیٹھک میں خاصی رونق تھی۔

انور خاں نے گاڑی کنارے روک دی۔ دو خادم بڑھ کر ان کے پاس آئے اور ہاتھوں ہاتھ انہیں مہمان خانے میں پہنچا دیا۔ مہمان عانہ بیٹھک سے الگ تھلگ تھا۔ ایک خادم نے مہک کی رہنمائی زنان خانے کے داخلی دروازے تک کی اور اسے ملازمہ کے حوالے کر دیا۔ بن بلائے مہمانوں کی خاطر مدارات اس طرح ہو رہی تھی۔ جیسے وہ خاص طور پر مدعو کیے گئے ہوں۔

زنان خانے میں خواتین مہک کی میز بانی میں خندہ پیشانی سے مصروف تھیں۔ کچا پکا وسیع گھر بے حد صاف ستھرا تھا۔ بان کی چار پائیوں پر سفید چادروں والے بستر اور گاؤ تکیئے لگے تھے۔ دالان میں تختوں کا چوکا لگا تھا۔ میز کرسی کا اہتمام کہیں نظر نہیں آ رہا تھا۔ وہیں تختوں کے چوکے پر دستر خوان بچھایا گیا۔ سادہ کھانا۔ لیکن خلوص کی لذّت من وسلویٰ کو

شرمندہ کررہی تھی نئی جگہ تھی لیکن مہک کو بڑی اچھی نیند آئی۔

صبح ناشتے کے بعد وہ سب 'میاں' کی خدمت میں حاضر ہوئے۔ اپنی آمد کی غرض دغایت طارق سیّد نے انہیں رات ہی میں بتا دی تھی۔ بیٹھک میں فرشی نشست تھی۔ میاں گاؤ تکیئے کے سہارے بیٹھے تھے۔ اور طارق سیّد نے ٹیپ ریکارڈ آن کر دیا تھا۔ جونی تصویریں لے رہا تھا۔ قریب ہی مہک سفید ردا میں لپٹی بالوں کو اسکارف میں چھپائے متودّب بیٹھی تھی وہ ماحول سے مرعوب ومتاثر نظر آرہی تھی۔۔۔

طارق سیّد نے سوالات کا سلسلہ شروع کیا۔ میاں بڑی روانی سے انگریزی میں ان کے سوالوں کا جواب دے رہے تھے۔۔۔ ان کا لہجہ۔ سنجیدہ مسکراہٹ۔ گفتگو کا رُکا تھما دلنشیں انداز نپے تلے جملوں کا اتار چڑھاؤ بے حد متاثر کن تھا الفاظ آبشار کی صورت ان کے ہونٹوں سے نکل رہے تھے۔ علم اور معلومات کا خزانہ جب تقریر کی صورت اختیار کرتا تو سننے والا مسحور ہو جاتا۔ وہ ہر موضوع پر بے تکان بول رہے تھے۔ کمال یہ تھا کہ انہوں نے مذہب پر کوئی بات نہیں کی تھی۔ ایک سجادہ نشین کے اتنے ترقی پسند خیالات تھے کہ سننے والوں کو ''یقین نہیں آرہا تھا۔ ان کی روشن خیالی نے مہک کو بے حد متاثر کیا۔ اس نے ان سے کوئی سوال کیا۔ پہلی بار میاں نے نظریں اٹھائیں۔ ان کی آنکھوں کی گہرائی میں وہ ڈوب سی گئی۔ گلابی ڈوروں والی غلافی آنکھیں اس سے گفتگو کر رہی تھیں۔ ان سے خارج ہونے والی برقی رَو اس کے دل ودماغ اور جسم میں سرائیت کرتی جارہی تھی۔ اس کی روح میں زندگی بن کر دوڑ رہی تھی۔ گردوپیش کا سارا منظر کہیں کھو گیا تھا۔ بس وہ تھی۔ اور دو آنکھیں تھیں۔ آج اس کی تلاش ختم ہوگئی تھی۔

قریب ہی زینب کی سرگوشی سنائی دی۔

''پسند کے چکّر میں تمہاری شادی کی عُمر نکل گئی۔ تب تم کیا کروگی؟''

وقت بھُر بھُری ریت کی مانند اس کی مٹھی سے پھسل گیا تھا۔ اسکارف میں چھپے بالوں میں ان گنت چاندی کے تار چمک رہے تھے۔ اس نے اپنی آنکھیں جھکا لیں سحر کا جال اگر نہ ٹوٹتا۔ تو وہ ٹوٹ جاتی۔ ٹوٹ کر بکھر جاتی۔ چالیس بیالیس برس کی عمر میں ٹوٹنا اور

بکھرنا پاگل پن ہی تو تھا۔

مہک نے پرس سے گاگلز نکالے اور آنکھوں پر لگا لئے۔ اُن آنکھوں کے سحر سے بچنے کے لئے وہ اس کے سوا کرتی بھی کیا۔ یہ دوسری بات ہے کہ اس کے گاگلز دھندلے ہو گئے تھے۔ خدا جانے یہ اتنی نمی کہاں سے آگئی تھی۔

وراثت

ایک بار پھر میرے میاں کا تبادلہ نئے شہر میں ہوگیا۔ اور میں ایک بار پھر نئی نئی پریشانیوں سے دو چار ہوگئی۔ حالانکہ سرکاری ملازمت کرنے والے مردوں کی بیویاں تو ہر وقت پا بہ رکاب رہتی ہیں لیکن جب بھی تبادلے کے آڈر ملتے ہیں ایسا محسوس ہوتا ہے گویا قیامت ٹوٹ پڑی ہو—چند روز—چند ہفتے میں زندگی معمول پر آجاتی ہے۔ نئی جگہ نئے ماحول میں گھُل مل بھی جاتے ہیں۔ اور جب پوری طرح مطمئن ہو چکے ہوتے ہیں تو پھر ایک دن شوہر صاحب منہ لٹکائے گھر آتے ہیں اور تبادلے کے احکام سنا کر ہمارا خون خشک کر دیتے ہیں۔

اس بار بھی ایسا ہی ہوا۔ کئی دن تو گھر کا سامان سیٹ کرنے میں لگ گئے۔ سرکاری بنگلے میں یہ بھی ایک مصیبت ہوتی ہے کہ ہم اپنی مرضی سے سامان کی ترتیب نہیں بدل سکتے بلکہ بنگلے کی تعمیر کے حساب سے ہمیں اپنا سامان جمانا پڑتا ہے۔ جیسے تیسے کر کے ڈرائنگ روم اور بیڈ روم سیٹ کیا روزمرہ استعمال کا سامان تو اکثر ٹوٹ پھوٹ کر برباد ہی ہو جاتا ہے۔ لیکن قیمتی سامان کی بھی شامت آجاتی ہے۔ جب ہم نے بڑی احتیاط سے پیک کئے ہوئے کراکری کے بکس کھولے۔ تو Glass with Care (شیشہ احتیاط کے ساتھ) کے لیبل منہ چڑاتے نظر آئے۔ میرے قیمتی ڈنر سیٹ کی ایک ڈش اور پلیٹیں درجۂ شہادت پر فائز ہو چکی تھیں۔ چونکہ ڈنر سیٹ میرے جہیز کا تھا اس لئے مجھے بے حد دکھ ہوا۔ اور میں پھوٹ پھوٹ کر رونے لگی۔ شوہر صاحب نے میرے اس نقصانِ عظیم اور جذباتی ٹوٹ پھوٹ پر

ایک بے معنی لفظ ''ارے'' کہہ کر گویا اپنا فرض ادا کر دیا۔ تب تو جی چاہا کہ اس بے حس انسان کے سر پر یوارڈ ڈنر سیٹ پٹک کر توڑ ڈالوں ــــ میری بیٹی گڑیا نے جو مجھے اس طرح بے قراری سے روتے دیکھا تو اپنی ننھی ننھی بانہیں۔ میری گردن میں حمائل کر کے خود بھی رونے لگی۔ اس نے اپنا ننھا منا سا ڈنر سیٹ بڑی فراخدلی سے مجھے دینے کی پیش کش بھی کر ڈالی۔ گڑیا کے لئے یہ چھوٹا سا خوبصورت ڈنر سیٹ میرے بھائی نے ٹوکیو سے بھیجا تھا۔ اور یہ گڑیا کو، بہت عزیز تھا۔ گڑیا کی دلجوئی نے میرا غم کچھ ہلکا کر دیا۔ اور میں اسے پیار کر کے دوبارہ سامان رکھنے اٹھانے میں مصروف ہوگئی۔

ایک ہفتہ تو کسی طرح رو گا کر کاٹا۔ پھر میں نے شارب کو الٹی میٹم دے دیا کہ اب ملازمہ کے بغیر کام نہیں چلے گا۔ کہنے کو تو سرکاری طرف سے ڈرائیور۔ چپراسی مالی وغیرہ ملے ہوئے تھے۔ لیکن مردوں کی بنائی ہوئی سرکار نے کبھی عورتوں کی پریشانی کے متعلق سوچنے کی زحمت نہیں کی تھی کہ ڈھیر سارے بیکار کے ملازموں کے ساتھ ایک کام کا نوکر بھی دے دیا کرے۔ یعنی کھانا پکانے کے لئے کوئی خانساماں وغیرہ۔ کہ گھر والی کو رو پیٹ کر چولہا نہ پھونکنا پڑے۔ اس سے تو انگریزوں کا زمانہ اچھا تھا جب خانساماں بیرے اور آیائیں سرکاری افسروں کے آگے پیچھے رہتے تھے۔ خیر یہ تو سنی سنائی باتیں تھیں۔ لیکن مجھے کچن سنبھالنے کے لئے ایک قاعدے کی عورت کی واقعی سخت ضرورت تھی۔

ہمارے ڈرائیور نے جلد ہی ایک عورت کا انتظام کر دیا۔ اور ناظمہ کو ہمارے سامنے پیش کر کے اپنی وفاداری کا سکہ جما دیا۔ ناظمہ پینتیس چالیس برس کی دبلی پتلی ذرد رو عورت تھی۔ شاید اس کی عمر میرے اندازے سے کچھ کم ہی ہو۔ لیکن مفلسی اور پریشانی نے اسے اضافی عمر کا تحفہ دینے میں بخل سے کام نہیں لیا تھا ــــ میں نے ناظمہ سے گھسا پٹا سوال کر ڈالا۔

''تم نے پہلے کبھی کھانا پکانے کا کام کیا ہے؟''

''جی ہاں۔ کئی جگہ کام کر چکی ہوں۔''

''تمہارا آدمی کیا کرتا ہے؟''ــــ

''جی وہ تو سدا کا نکما اور کام چور تھا۔ پر اب تو کئی، برس سے کھٹیا پر پڑا کھانستا رہتا ہے''— پھر کام نہ کریں تو کھائیں کیا؟—

''تب تو بڑی مشکل ہوتی ہوگی خرچ وغیرہ کی''؟

''ایک پریشانی ہو تو کہیں میم صاحب روٹی تو صبح شام چاہئے ہے۔اوپر سے اس کی دوا— پھر دارو کا خرچ''۔

''یعنی سچ مچ کی دارو۔شراب؟'' میں نے تصدیق چاہی۔

''جی میم صاحب اسے روز ایک پوّا دارو ملنا چاہئے''—

''یہ تو اچھی بات نہیں ہے ناظمہ— تم کیوں دیتی ہو دارو؟''

''نہ دیں تو مار گالی کھائیں— سو اپنی عزّت کے لئے یہ بھی کرتے ہیں جی''—

''بچے کتنے ہیں؟

''پہلے تو چار تھے۔ پھر ایک ایک کر کے مرتے گئے۔اب ایک لڑکا ہے سارے کے سارے زندہ ہوتے تو میری بوٹیاں نوچ نوچ کر کھا جاتے۔''

''ایسا نہیں سوچتے ناظمہ— اولاد تو اوپر والے کی دین ہے۔ اس کی رحمت ہے۔''

میں نے قریب کھیلتی گڑیا کو پیار سے دیکھ کر کہا۔ پھر میں نے ناظمہ کو کچن کا کام سمجھایا— اور جب وہ کام ختم کر کے جانے لگی تو میں نے اسے اپنے چند کپڑے دیئے اور صابن کے لئے پیسے بھی تا کہ وہ صاف ستھری رہا کرے۔ شارب کو گندے نوکر سخت ناپسند تھے۔ خاص طور سے کھانا پکانے والی ملازمہ کی گندگی تو وہ برداشت ہی نہیں کر پاتے۔ اور نہ مجھے گندگی پسند ہے۔

ایک روز ناظمہ کام کرنے آئی تو اس کے ساتھ سانولے رنگ کا دبلا پتلا اور گندا سا ایک لڑکا بھی تھا۔ عمر یہی کوئی آٹھ نو برس ہوگی صورت پر ایسی یتیمی برستی نظر آتی تھی کہ دیکھ کر آپ ہی آپ ترس آجائے۔ میں نے اسے اپنے پاس بلایا۔ تو وہ پہلے تو ذرا جھجھکا— پھر بسکٹ کے لالچ میں قریب چلا آیا۔

''تمہارا کیا نام ہے بیٹا۔''؟ میں نے اسے بسکٹ دیتے ہوئے پیار سے کہا— اس نے جلدی سے بسکٹ لے لیے پھر بولا ''وارث''—بسکٹ کھاتے کھاتے اس نے اپنی بہتی ہوئی ناک بڑی صفائی سے آستین سے پونچھ لی تو مجھے بہت گھن آئی۔ اور اس سے زیادہ دلار جتانے کا ارادہ ترک کر کے میں وہاں سے ہٹ گئی ناظمہ جب تک کام کرتی رہی وہ کچن کے دروازے سے لگا کھڑا رہا۔ اور گڑیا کو کھیلتے ہوئے دیکھتا رہا—ناظمہ جانے لگی تو میں نے ذرا سختی سے کہا۔

''ناظمہ تمہارا ایک ہی بچّہ ہے لیکن تم اسے صاف ستھرا نہیں رکھ سکتیں۔؟''

''کیا کریں میم صاحب ایک تو یہ اتنا شریر ہے کہ ہر دم کھیلتا رہتا ہے۔ صاف رہنے سے تو اسے بیر ہے بیر— پھر نہ ہمیں اتنا ٹیم ہے کہ روز اسے نہلائیں۔ دھلائیں— اور نہ دس جوڑے دھرے ہیں اس کے لئے۔ ایک تن پر ہو تو ایک گندا ہووے ہے۔''

میں نے شارب کے چند نا قابلِ استعمال کپڑے الگ کئے اور وارث کے لئے کئی قمیضیں اور نیکریں تیار کر دیں۔ کپڑے ناظمہ کے حوالہ کر کے میں نے اسے وارث کو صاف ستھرا رکھنے کی تاکید کی۔ ناظمہ کپڑے لے کر بہت خوش ہوئی۔

مجھے بھی خوشی تھی کہ اب اس کا اکلوتا بچّہ کپڑوں کی کمی کے باعث گندا میلا نہیں رہے گا۔ وارث کے لئے نئے کپڑے خریدنے کا پروگرام میں نے مہینہ شروع ہونے پر اٹھا رکھا۔

اس روز چپراسی چھٹی پر تھا۔ اور گڑیا کو اسکول پہنچانے اور لانے کی ذمّے داری میرے اوپر تھی۔ شارب ایسے کاموں سے دور بھاگتے تھے۔ ان کے پاس اتنا وقت بھی نہیں تھا۔ میں نے جلدی جلدی گڑیا کو تیار کرایا اور بیگ اس کے کاندھے پر لٹکا کر اسکول چل دی۔ یہ تو اچھا تھا کہ گڑیا کا اسکول نزدیک ہی تھا۔ ورنہ زیادہ زحمت ہوتی راستے میں کچرے کے ڈھیرے سے بچ کر نکلتے ہوئے میری نظر ایک بچّے پر مرکوز ہوگئی۔ بچّے کی پشت ہماری طرف تھی اور وہ گٹھوں گٹھوں کچرے میں دھنسا ہوا چیتھڑے پلاسٹک کی تھیلیاں اور کاغذ وغیرہ بین بین کر ایک بوری میں بھر رہا تھا۔ مجھے اس پر وارث کا شبہ ہوا۔ لیکن اس وقت مجھے اسکول جانے کی جلدی تھی۔ اس لئے رکے بغیر آگے بڑھ گئی— پھر بھی دل میں ایک خلش

سی رہی — اور میں اپنے شبہے کی تصدیق کے لئے بے چین تھی۔ گڑیا کو اسکول پہنچا کر واپس ہوئی تو کچرے کے ڈھیر پر وہ لڑکا نظر نہیں آیا۔ دو کتے البتہ آرام کر رہے تھے۔ دوسرے دن ناظمہ آئی تو مجھے اس لڑکے کا ایک بار پھر دھیان آگیا — اور میں نے گھما پھرا کر اس سے پوچھا —

"بہت دن سے تم وارث کو ساتھ نہیں لائیں؟"

"ارے میم صاحب اسے ساتھ لا کر اور پریشانی میں پڑ جاتی ہوں کبھی یہ چھو۔ کبھی وہ دیکھ۔ بڑا تنگ کرتا ہے۔"

"پھر تمہارے پیچھے کیا کرتا ہوگا۔ کسی کام وام پر کیوں نہیں بٹھا دیتیں اس کو؟"۔

"کام تو کرتا ہے جی۔ پر مجھے اچھا نہیں لگتا۔ مجبوری جو نہ کرائے کم ہے جی" —

"کیا کام کرتا ہے وہ؟" —

"میم صاحب۔ سارا دن گھوم پھر کر وہی کچرا چنتا ہے شام کو دو ڈھائی روپے مل جاتے ہیں۔ وہ باپ لے لیتا ہے۔"

"دارو کے لئے نا؟ — میں نے بوجھل آواز میں کہا —

" — اور کیا کرے گا وہ ناس پیٹا — ؟ ناظمہ کچن میں چلی گئی۔

میرے شبہے کی تصدیق ہوگئی۔ وہ بچہ وارث ہی تھا۔ اس عمر میں وہ بے چارہ باپ کی دارو کے لئے غلاظت کے ڈھیر میں گھس کر ردی چنتا ہے۔ آخر اس کا مستقبل کیا ہوگا؟۔ آگے چل کر وہ کیا کرے گا؟۔ زیادہ سے زیادہ ٹھیلا لے کر پھیری میں در۔ در بھٹک کر ردی سامان خریدے اور بیچے گا۔ اور اس کے بچے ہوں گے تو شاید وہ بھی یہی کام کریں۔ یہ ایسی وراثت تو نہیں ہے جس پر فخر کیا جائے۔ اور میں نے ناظمہ سے بھی یہی بات کہی۔

"میم صاحب آدمی نکما نہ ہوتا تو وارث کے لئے بھی کچھ کرتا۔ لیکن اس نے تو اپنی زندگی بھی گندگی میں لوٹ پوٹ کر گزاری — آخر کھاٹ پر پڑ گیا۔ اب بچے کو بھی اسی کام پر لگا دیا ہے۔ کچھ کہتی ہوں تو لڑتا ہے۔"

ناظمہ۔ تم وارث کا نام اسکول میں لکھوا دو۔ اس کی پڑھائی کا خرچ میں دوں گی۔

اور تمہارے آدمی کو دارو کے پیسے الگ دوں گی۔ کل تم وارث کو نہلا دھلا کر اور صاف کپڑے پہنا کر لے آنا۔ میں جا کر اس کا داخلہ کرا دوں گی۔ اور ہاں ایسے نکمّے خود غرض اور بے حس آدمی کی بک بک پر دھیان دینے کے بجائے تم اپنے بچّے کے بارے میں سوچو آخر تمہارا ایک ہی تو بیٹا ہے''۔

ناظمہ آنکھوں میں آنسو بھرے چپ چاپ میری باتیں سنتی رہی۔ پھر مجھے دعائیں دیتی چلی گئی۔

میں نے وارث کا داخلہ ایک اچھے اسکول میں کرا دیا۔ اس کی کتابیں، سلیٹ، بیگ اور جوتے موزے وغیرہ بھی خرید دیئے۔ اب ناظمہ بڑی پابندی سے وارث کو اسکول پہنچانے اور لانے جاتی تھی۔ کبھی کبھی وہ ناظمہ کے ساتھ ہمارے گھر بھی آ جاتا تھا۔ میں نے گڑیا کے کھلونوں سے اسے کھیلنے کی اجازت بھی دے دی تھی۔ شارب کو میں نے بڑے فخریہ انداز میں اپنے کارنامے کے بارے میں بتایا تو وہ مسکرا کر رہ گئے۔ اس وقت مجھے ان کی یہ مسکراہٹ بہت بری لگی۔ لیکن دل میں طے کر لیا کہ میں بھی جلد ہی ان کی اس طنزیہ مسکراہٹ کا جواب دوں گی۔ آخر انہوں نے میری حوصلہ افزائی کرنے کے بجائے میرا مذاق اڑانے کی جسارت کیسے کی۔ لیکن افسوس اس کا موقع ہی نہیں آیا۔ اور شارب نے ایک دن آفس سے واپس آ کر بڑے ٹھنڈے لہجے میں بتایا۔

''بیگم صاحبہ! وہ آپ کا خدمتِ خلق کا کارنامہ بُری طرح فیل ہو گیا۔''

''کیوں کیا ہوا؟''۔

''آج وارث صاحب پھر کچرے کے ڈھیر سے ہیرے جواہرات منتخب کر کے اپنی زنبیل میں بھر رہے تھے۔''

''ناممکن ——— وہ وارث نہیں ہو سکتا۔''———

''تم ناظمہ سے پوچھ لینا۔''

''ضرور پوچھوں گی''۔ میں نے شکست خوردہ لہجے میں کہا اور ناظمہ کا انتظار کرنے لگی۔ جب وہ آئی تو میں جو غصّے میں بھری بیٹھی تھی۔ پھٹ پڑی۔

''ناظمہ — مجھے دھوکہ دیتے ہوئے تمہیں شرم نہیں آئی؟''

''جی میم صاحب! میں نے کیا کیا؟''۔ناظمہ بوکھلا گئی۔

''وارث پھر وہی کام کرنے لگا۔ میں بے وقوف تھی جو سیکڑوں روپئے خرچ کر کے اسے اسکول میں داخل کرایا— جواب دو— چپ کیوں ہو؟''۔

''میم صاحب! اللہ کی قسم مجھے کچھ نہیں پتہ— میرے پیچھے وہ ناس پیٹا اسے بھیجتا ہوگا۔ میں آج ہی جا کر ان دونوں کی خبر لوں گی''۔

اگر اسکول کے لڑکوں نے یا ماسٹر نے اسے دیکھ لیا تو ایک منٹ بھی اسے اسکول میں نہیں رکھیں گے۔''

''اس لڑکے کا مقدر ہی خراب ہے میم صاحب۔''

ناظمہ روہانسی ہوگئی۔

''بے وقوفی کی باتیں مت کرو ناظمہ۔ تم جان بوجھ کر اس کی زندگی برباد کرنے پر تلی ہو۔ اس میں مقدر کا رونا فضول ہے۔ اپنے آدمی کو سمجھاؤ کہ آئندہ وارث کو نہ بھیجے ورنہ مجھ سے برا کوئی نہیں ہوگا۔''

''وہ میری مانے تب نا۔''

''ٹھیک ہے۔ نہ مانے میری بلا سے۔ میں تم سے بھی کوئی واسطہ نہیں رکھوں گی۔''

میں نے اوپری دل سے اسے دھمکی دی— تو وہ رونے لگی مجھے ترس آ گیا اور میں دیر تک اسے ساری اونچ نیچ سمجھاتی رہی۔

کئی دن سے ناظمہ کام پر نہیں آ رہی تھی۔ مجھے فکر ہوئی تو پوچھتی پاچھتی اس کے گھر گئی۔ گھر کیا تھا کچی چونا جھڑی دیواروں کی ایک جھونپڑی تھی۔ دروازے کی جگہ ٹاٹ کا پردہ جھول رہا تھا۔ ناظمہ مجھے باہر ہی مل گئی۔ مجھے دیکھ کر رونے لگی۔ اور رو۔ رو کر بتایا کہ اس کا آدمی گزر گیا۔ میں نے دل میں کہا ''خس کم جہاں پاک'' مگر اوپری دل سے اسے تسلی دلاسہ دیا۔ اور کچھ پیسے دے کر لوٹ آئی۔ پھر ناظمہ آئی تو میں نے اس سے اپنے ہاں رہنے کے لئے اصرار کیا۔ ہمارا سرونٹ کوارٹر خالی پڑا تھا۔ ناظمہ بھی راضی ہوگئی۔ ویسے بھی اپنے گھر

میں اس کے لئے کیا دلچسپی تھی۔ایک نام چار کا آدمی تھا۔سواب وہ بھی نہیں رہا تھا۔

وارث بڑی پابندی سے اسکول جانے لگا۔اس کے اسکول کا سارا کام میں خود اپنے سامنے بٹھا کر کرواتی تھی ساتھ ہی اس کی تربیت کا بھی پورا خیال رکھتی تھی۔یوں وہ روز بروز سنورتا گیا۔ذہین تو تھا ہی میری توجہ نے اسے بہت جلد انسان بنا دیا۔اچھی غذا سے اس کی صحت بھی خاصی ہوگئی تھی۔کپڑے لتے سے بھی ہر وقت درست رہتا تھا۔اس کی پوری شخصیت ایسی بدلی کہ خود شارب بھی اس پر توجہ دینے لگے۔اس کے شائستہ اطوار۔مہذب اندازِ گفتگو اور شریفانہ رہن سہن دیکھ کر کون کہہ سکتا تھا کہ چند ماہ پہلے یہی لڑکا کچرے میں رہتا تھا۔

چند سال کے بعد ہمارا تبادلہ اپنے ہی شہر میں ہوگیا— تب کہیں جا کر ہمیں ذرا سکون نصیب ہوا۔ایک تو اپنا گھر پھر عزیز اور رشتے دار بھی سب قریب ہوگئے۔ناظمہ اور وارث بھی ہمارے ساتھ تھے۔اب تو وہ ہمارے گھر ہی کے فرد ہوگئے تھے۔اس لئے انہیں چھوڑنے کا سوال ہی نہیں تھا۔وارث کا تعلیمی سلسلہ بدستور جاری تھا۔اور وہ ہر کلاس میں اچھی پوزیشن لے کر کامیاب ہوتا تھا۔شارب بھی قدم قدم پر اس کی رہنمائی کرتے تھے۔اور صلاح مشورہ دینے کے علاوہ اس کی تعلیم پر بھی پوری توجہ دیتے تھے۔سب سے زیادہ ہمیں اس کی یہ بات پسند تھی کہ اس نے کبھی اپنی حیثیت کو فراموش نہیں کیا تھا۔اور نہ ہماری نوازشوں کا ناجائز فائدہ اٹھانے کی کوشش کی تھی۔حالانکہ ہم اسے اپنے برابر کا سمجھتے تھے— اور کبھی کوئی بات ایسی نہیں کرتے تھے جس سے وہ احساسِ کمتری میں مبتلا ہو یا خود کو ہم سے کم تر سمجھے۔لیکن اس کی فطری شرافت نے شاید اسے ایک فاصلہ رکھنے پر مجبور کیا تھا۔

وقت کتنی جلدی گزرتا ہے اس کا احساس ہمیں اس دن ہوا جب گڑیا دلہن بنی اور بیاہ کر اپنی سسرال گئی ابھی کل کی بات ہے جب وہ خود گڑیوں کا بیاہ رچاتی تھی۔اور جھنڈولے بال لئے تتلیوں کے پیچھے بھاگتی پھرتی تھی۔اپنی متاعِ حیات کو ہنسی خوشی دوسروں کے حوالے کر کے میں تہی داماں اور تہی دست رہ گئی۔یہ بھی خدا کی مصلحت تھی کہ گڑیا کے بعد میرے ہاں کوئی بچہ نہیں ہوا۔اس کے رخصت ہونے کے بعد اس لق و دق کوٹھی میں ویرانی کا بسیرا ہوتا۔اگر وارث ہمارے پاس نہ ہوتا۔

میں نے ایک پیار بھری نظر وارث پر ڈالی۔ وہ سارا بکھرا ہوا سامان ملازموں کی مدد سے سمیٹ رہا تھا۔ اور سب کا حساب کتاب بیباق کر رہا تھا۔ اس کے بشرے سے تھکن ظاہر تھی۔ ہفتوں سے کام کرتے کرتے وہ کتنا ہلکان ہو گیا تھا۔ اگر وہ اتنی ذمے داری سے سارے اُمور انجام نہ دیتا تو تنہا شارب کچھ نہیں کر سکتے تھے۔ اسی وقت شارب بھی میرے قریب آ کر بیٹھ گئے۔ اور وارث کی مصروفیت کو بڑی دلچسپی سے دیکھتے رہے۔

''بھئی اب وارث کو بھی آرام کرنے دیں۔ دیکھیں ناغریب کس قدر تھک گیا ہے۔''

میں نے کسی قدر ناراضگی سے کہا تو شارب مسکرانے لگے۔

''بیگم — آخر بیٹا ہوتا کس لئے ہے؟۔ اول تو وہ مجھے کوئی کام کرنے ہی نہیں دیتا — اگر کسی وقت کچھ کرنا بھی چاہوں تو وہ باتیں بنا کر مجھے صاف ٹرخا دیتا ہے۔''

''وارث — وارث بیٹے'' — شارب نے وہیں سے اسے آواز دے لی —

وارث قریب آ گیا۔ تو وہ ہنس کر کہنے لگے۔

''دیکھو تمہاری ممی ناراض ہو رہی ہیں۔ اب تم بالکل کام نہ کرو اور نہا دھو کر آرام کرو۔''

''پاپا — دو ایک کام نپٹا لیں پھر تو آرام ہی کرنا ہے۔''

''نہیں بھئی — اب باقی کام ہم کریں گے۔'' —

شارب اتنا کہہ کر اور پھیل کر اطمینان سے بیٹھ گئے۔

''ہاں وہ تو مجھے بھی پتہ ہے کہ اب سارا کام آپ کریں گے۔ اسی طرح لیٹے لیٹے۔'' میں نے ہنس کر کہا — اور وارث مسکراتا ہوا واپس چلا گیا۔

''بیگم گڑیا کے جانے کے بعد کیسا سناٹا محسوس ہونے لگا ہے اس کی وجہ سے گھر میں کتنی رونق رہتی تھی۔''

شارب اداس ہو گئے۔

''شارب آپ تو مرد ہیں۔ گھر سے باہر آپ کا وقت تو پھر بھی گزر جائے گا۔ میں گڑیا کے بغیر کیسے رہوں گی؟۔''

''اس کا انتظام بھی ہو جائے گا— ''

''وہ کیا؟— ''

''ہم جلد ہی وارث کی شادی کر دیں گے۔ اس کی دلہن بیاہ کر آئے گی۔ گھر میں ڈھیر سارے ننھے منے بچے کھیلیں گے اور ہمارا گھر ان کے معصوم قہقہوں سے کھلکھلا اٹھے گا۔''

''آپ نے وارث سے بھی پوچھا ہے؟''—

''پوچھنا کیا ہے۔ بس صاحبزادے کے کان میں بات ڈال دیں گے— ''

شارب نے بے پروائی سے کہا۔

''کوئی لڑکی بھی دیکھی ہے یا یوں ہی شادی کا پروگرام بنا رہے ہیں؟

''ہمارا بیٹا منصف مجسٹریٹ ہے۔ اس کے لئے لڑکیوں کی کیا کمی ہے۔ ہمارے آفس سپرنٹنڈنٹ نے تو اپنی بیٹی کے لئے خود ہی کہلوایا ہے۔''—

''ناظمہ زندہ ہوتی تو کتنا خوش ہوتی؟''—

میں ناظمہ کو یاد کر کے افسردہ ہو گئی—

''ناظمہ نے وارث کی تمام ذمّے داری ہمیں سونپ کر ہمارے اوپر سچ مچ بڑا احسان کیا۔ بیگم آج وہ ہمارا وارث ہے۔ اور اس نے یہ بات ثابت کر دی ہے کہ جوہرِ ذاتی اصل چیز ہے۔

وارث نپے تلے قدم رکھتا ہماری طرف آ رہا تھا۔ اس کا بلند و بالا سراپا۔ اور مردانہ وجاہت دیکھ کر مجھے ٹوٹ کر پیار آیا۔ اور میں نے اسے اپنے قریب بلا کر اس کی روشن پیشانی چوم لی۔

☆☆

حق بہ حق دار ——

زندگی کی گوناگوں مصروفیات میں انسان کے پاس اتنا وقت کہاں ہوتا ہے کہ رومانس اور محبت جیسی دلکش اور لطیف باتوں کے بارے میں سوچ کر دل خوش کرے۔ شادی شدہ انسان کو تو مرنے کی بھی فرصت نصیب نہیں ہوتی۔ لیکن اس کے باوجود مرد بد سے بدتر حالات میں بھی زندگی کی رنگینیوں سے لاتعلق رہنا نہیں چاہتا۔ خصوصاً شادی شدہ مرد رومانس کرنے کے لئے ہر وقت ہر حال میں تیار رہتا ہے۔ شاید اس کی یہی فطرت اس کو ہر عمر میں جوان اور زندہ دل بنائے رکھتی ہے۔ اور بڑھاپا دیر میں اس پر چھاپہ مارتا ہے۔ اس کے برخلاف صنفِ نازک ذمّے داریوں کے بوجھ تلے دب کر اپنے سارے لطیف جذبات اور نازک احساسات کو تھپک کر سلا دیتی ہے۔ اور قبل از وقت خود پر بڑھاپا طاری کر لیتی ہے۔

میں اپنی دونوں بیٹیوں کی شادی کے فرض سے سبکدوش ہو چکا تھا۔ بیٹا موہت ابھی زیرِ تعلیم تھا۔ میڈیکل میں یہ اس کا آخری سال تھا۔ ذاتی گھر معقول آمدنی، فراغت اور سکون نے میری صحت پر خوش گوار اثر ڈالا تھا۔ کنپٹیوں پر چمکتے سفید بال عمر کی چغلی ضرور کھاتے تھے۔ لیکن نشا کو دیکھنے کے بعد میں انہیں رنگنے لگا تھا۔ اب براؤن بال میری مردانہ وجاہت اور کشش میں اضافہ کرنے لگے تھے۔ نشا میری اسٹینو تھی۔ اس نے حال میں یہ سروس جوائن کی تھی۔ سرو قد، خوبصورت غزالی آنکھیں۔ متبسّم ہونٹ۔ سنہری گندم جیسا رنگ۔ چمکیلے سیاہ بالوں کی ایک چوٹی۔ اور اس پر اس کی نرم گفتاری اور دھیمے مزاج نے اسے ایک پسندیدہ شخصیت بنا دیا تھا۔ دفتری امور میں بھی وہ خاصی ذمے دار تھی۔ میں اسے اکثر

لنچ ٹائم میں کافی کی دعوت دیتا تھا۔ جسے وہ خندہ پیشانی سے قبول کر لیتی تھی۔ اس دوران اِدھر اُدھر کی گفتگو بھی ہو جاتی تھی لیکن ابھی تک ذاتی معاملات زیرِ بحث نہیں آئے تھے۔ اوّل تو وہ خود ہی بے حد ریزرو رہتی تھی۔ پھر یہ بات بھی تھی کہ میں دفتری اوقات میں اپنی افسرانہ شان برقرار رکھنے کی پوری کوشش کرتا تھا اور دفتر سے باہر رسم و راہ بڑھانے میں احتیاط برتتا تھا—یہی وجہ تھی کہ آج تک میرے متعلق کوئی اسکینڈل کھڑا نہیں ہوا تھا۔

ایک دن میں نے نشا کو اپنی کار میں لفٹ کی پیش کش کی جسے اس نے مسکراتے ہوئے قبول کر لیا۔ اس سے میرا حوصلہ بڑھا۔ اور میں اسے ایک کیفے میں لے گیا اس روز پہلی بار اس نے مجھے اپنے گھریلو حالات بتائے۔ اس کے پتا جی کا انتقال ہو چکا تھا۔ ماں کے علاوہ دو بھائی اور ایک بہن تھی۔ نشا ان میں سب سے بڑی تھی۔ چند مکانوں کا کرایہ آتا تھا—زندگی کی گاڑی اوسط رفتار سے چل رہی تھی۔ اس کے حالات نہ بہت اچھے تھے اور نہ اتنے خراب کہ ہمدردی کی آڑ لے کر میں اس کے قریب ہونے کی کوشش کرتا—لہٰذا میں نے تعلقات بڑھانے میں عجلت سے کام نہیں لیا۔ میں کبھی کبھی اسے لنچ پر کسی مہنگے ریسٹورنٹ میں مدعو کر لیتا تھا۔ کبھی کار سے اسے اس کے گھر چھوڑ آتا۔ اس طرح نشا پر میرے اچھے اخلاق کا سکہ جم گیا۔ پھر نشا نے اپنی سالگرہ پر مجھے اپنے گھر بلایا۔ تو میں اس کے لئے ایک قیمتی ساڑی تحفے میں لے گیا۔

نشا کی ماں ایک سیدھی، سادی گھریلو عورت تھی۔ دونوں بھائی بے حد ذہین اور مہذّب تھے۔ چھوٹی بہن ذرا شوخ اور ہنس مکھ تھی۔ ہمارا وقت بہت اچھا گزرا۔ وہ سب لوگ میری طبیعت کی سادگی۔ شرافت اور اخلاق سے بے حد متاثر ہوئے۔ نشا کی ماں نے کہا۔

''میں تو نشا کے دفتر میں نوکری کرنے کے خلاف تھی اکثر ایسی ویسی باتیں دفتروں کے بارے میں سننے میں آتی ہیں۔ لیکن آپ سے ملنے کے بعد میری ساری پریشانی دور ہو گئی۔''

میں نے مسکرا کر ان کی بات سنی اور شرمندہ ہونے کے بجائے دل ہی دل میں ان کی سادہ لوحی پر ہنسا۔ گھر کی بیٹھنے والی یہ نیک دل عورت کیا جانے کہ مردوں کے دل میں

کیسے کیسے شیطانی جذبات پرورش پاتے ہیں۔

نشا کی سالگرہ کی تقریب میں جانے کے بعد ہمارے درمیان تکلّف کی دیوار اتنی دبیز نہیں رہی میں نے پہلے اس کے حُسن کی تعریف نہیں کی تھی۔لیکن اب میں اگلا قدم اٹھانے کے لئے وقت کا منتظر تھا۔

ایک روز ہم اپنے پسندیدہ ریسٹورنٹ میں لنچ لے رہے تھے۔ ہماری میز ایک گوشے میں تھی۔ جہاں سکون تھا۔نِشا نے آسمانی پھولدار سوٹ پر ہم رنگ لہریا دوپٹہ اوڑھ رکھا تھا۔اس کے لمبے لمبے بال اس وقت اونچے سے جوڑے میں سمٹے ہوئے تھے چہرہ میک اپ کے بغیر بھی نکھرا نکھرا نظر آرہا تھا۔ میں نے ایک گہری نظر اس کے سراپا پر ڈالی۔ آہستہ سے کہا— ''نِشا— تم بہت خوبصورت ہو''—

اس نے اپنی دراز پلکیں اٹھا کر ایک پل مجھے دیکھا اور دوسرے لمحے اس کی نظریں جھک گئیں۔اس نے میری تعریف کا کوئی اثر لیا یا نہیں۔ مجھے نہیں معلوم۔البتہ اس کے ہونٹوں پر ایک دلنشیں سی مسکراہٹ سج گئی تھی جو میری حوصلہ افزائی کے لئے ایک لطیف اشارہ بن گئی۔

''تمہاری سادگی میں جو حُسن اور کشش ہے۔وہ میک اپ سے لپے پُتے چہروں میں نہیں ہوتی''—

''شکریہ سَر!'' نِشا نے آہستہ سے کہا۔اور کافی کا پیالہ میرے سامنے رکھ دیا۔

میں نے سوچا کہ آج کے لئے بَس اتنا ہی کافی ہے۔اس لئے میں ادھر اُدھر کی باتیں کرنے لگا۔شاید میرا رویّہ میری عمر کے عین مطابق تھا۔ورنہ آج سے بیس سال پہلے نِشا مجھے ملی ہوتی تو شاید میری تعریف کا انداز ہی اور ہوتا۔اور میں اتنی احتیاط بھی نہ برتتا۔

ایک دن نِشا آفس میں مجھ سے ڈکٹیشن لے رہی تھی کہ اچانک موہت آگیا— میں نے نِشا کو رخصت کر دیا۔موہت نے ایک اُچٹتی ہوئی نظر نِشا پر ڈالی اور پھر میری طرف متوجہ ہو گیا۔

''کیسے آنا ہوا؟'' میں نے پوچھا—

''اِدھر سے گزر رہا تھا۔ سوچا آپ سے ملتا چلوں''۔۔۔

وہ ۔۔۔ دراصل میرے سوٹ تیار ہوگئے ہیں۔ میں ابھی ٹرائل دے کر آرہا ہوں''۔۔۔

میں نے پرس سے چند نوٹ نکال کر اس کی طرف بڑھا دیئے۔

''تھینک یُو ڈیڈی''۔۔۔ موہت کھڑا ہوگیا۔ اور پھر اجازت لے کر چلا گیا۔

اس کے بعد موہت کبھی کبھی آفس آنے لگا۔ نِشا سے اس کا تعارف ہوا۔۔۔ تو رسمی سلام دعا کے دروازے کھل گئے۔ میں نے محسوس کیا کہ نشا۔ موہت کی عزت کرتی ہے۔ آخر وہ اس کے باس کا نورِ نظر تھا۔ لیکن نِشا کو دیکھ کر موہت کی آنکھوں میں جو چمک پیدا ہوتی تھی۔ وہ میری نظروں سے پوشیدہ نہ رہ سکی۔ اس کا بار بار میرے آفس آنا بھی کوئی معنی رکھتا تھا۔ سچ تو یہ ہے کہ مجھے موہت کا نشا میں دلچسپی لینا اچھا نہیں لگا۔ لیکن مجبوری یہ تھی کہ میں اس سے کھل کر بات نہیں کرسکتا تھا۔۔۔ وہ میرا بیٹا تھا اور باپ بیٹے کے درمیان اتنا پردہ تو رہنا ہی چاہیے تھا۔۔۔ میں نے نشا پر اپنی مہربانیاں کچھ اور بڑھا دیں۔ میرا خیال تھا کہ جتنی زیادہ وہ میری ممنون ہوگی اتنی ہی تیزی سے میری طرف جھکتی جائے گی اور یوں میری منزل آسان ہوجائے گی۔۔۔ ابھی تک موہت اتنا آگے نہیں بڑھا تھا کہ مجھے اس کے اور نشا کے تعلقات میں کوئی بات قابلِ اعتراض نظر آتی۔۔۔ محض نظروں میں پسندیدگی کی جھلک دیکھ کر کوئی فیصلہ کرنا مشکل تھا۔

یوں بھی میرا خیال تھا کہ اس کے لئے ڈاکٹر لڑکی کا انتخاب موزوں رہے گا۔ میرے ملنے والوں میں چند خاندان ایسے بھی تھے۔ جن کی بیٹیاں ڈاکٹری پڑھ رہی تھیں اور میں جس وقت چاہتا رشتہ طے کر دیتا۔ لیکن مجھے اس کی تعلیم مکمل ہونے کا انتظار تھا۔ حالانکہ میری بیوی کئی بار بیٹے کا رشتہ طے کرنے کی بات کہہ چکی تھی۔ لیکن میری خواہش تھی کہ موہت یکسوئی سے اپنی تعلیم پوری کرلے۔ خود اس کا بھی یہی خیال تھا۔ مجھے اس کی شادی کی اتنی جلدی بھی نہیں تھی۔ میں نے سوچا کہ ہوسکتا ہے کہ نشا میں اس کی دلچسپی محض پسندیدگی کی حد تک ہو۔ یا پھر یہ نوجوانی کی ترنگ ہی ہو اس عمر میں ہر لڑکی نظروں کو بھاتی ہے۔ پھر نشا تھی

بھی خوبصورت۔اس کو دیکھ کرتو کوئی بھی نوجوان متاثر ہوسکتا تھا۔

ایک دن میں نے لنچ ٹائم میں نشا سے کہا۔

آج میری برتھ ڈے ہے۔کیوں نہ ہم باہر کہیں ڈنر لیں؟"

"آپ گھر پر اپنی برتھ ڈے نہیں مناتے"؟—

"اوہ— نہیں بھلا اس کی کیا ضرورت ہے؟"—

میں نے جلدی سے کہا— میں کہنا تو یہ چاہتا تھا کہ اس عمر میں اپنی برتھ ڈے منانا اچھا نہیں لگتا۔لیکن اپنی زبان سے اپنی عمر کا تذکرہ کرنا مناسب بھی نہیں تھا۔پھر میں نے کبھی اپنی برتھ ڈے منائی بھی نہیں تھی— یہ تو نشا کو بلانے کا بس ایک بہانہ تھا— ابھی تک شام کے وقت وہ کہیں میرے ساتھ نہیں گئی تھی۔میں نے سوچا کہ اگر ایک آدھ بار وہ باہر میرے ساتھ شام گزارے گی تو تعلقات مزید بڑھنے کا امکان پیدا ہوگا۔مجھے یقین تھا کہ وہ میری بات نہیں ٹالے گی۔ہوا بھی یہی۔نشا نے مجھے برتھ ڈے کی مبارکباد دی اور ساتھ ہی نہایت خوش گوار موڈ میں ایک درخواست بھی کر ڈالی۔

"مجھے آپ کی دعوت قبول کر کے خوشی ہوگی سر — لیکن یہ دعوت میری طرف سے ہوگی—"

"اس تکلّف کی کیا ضرورت ہے نشا! برتھ ڈے میری ہے اس لئے اصولاً دعوت میری طرف سے ہوگی"—

"کبھی کبھی اصول سے ہٹ کر بھی خوشیاں منائی جاسکتی ہیں۔آپ یہ سمجھیں کہ یہ میری دلی خواہش ہے۔"

"اوہ— اگر ایسی بات ہے تو میں تمہاری خواہش ضرور پوری کروں گا۔"—

میں نے متانت سے گویا اس پر احسان جتاتے ہوئے کہا "تھینک یو سَر"—

نشا پھول کی طرح کھِل اٹھی۔اس سے بھی زیادہ میں خوش تھا۔پروگرام کے مطابق ہم 'رٹز' میں ڈنر لینے گئے۔جب تک بیرا میز پر لوازمات سجاتا رہا ہم ہلکی پھلکی باتیں کرتے رہے۔نشا کچھ مضطرب سی نظر آرہی تھی۔شاید اس طرح رات کے وقت میرے

ساتھ آنے کے باعث گھبرائی ہوئی تھی۔ سیاہ ساڑی میں وہ اس وقت غضب ڈھارہی تھی۔ اس کی گھبراہٹ نے اس کی معصومیت میں اور بھی اضافہ کردیا تھا۔

اچانک میں نے اس کے چہرے کے بدلتے ہوئے رنگوں کو دیکھا۔ اور اس کی نظروں کے تعاقب میں میری نظریں داخلی دروازے تک جا کر جامد ہوگئیں۔ موہت ہماری طرف بڑھ رہا تھا۔ اس کے ہاتھ میں سرخ ربن سے بندھا ایک ڈبہ تھا۔ اور پھر اس نے ہمارے قریب آکر وہ ڈبہ میز پر رکھ دیا۔ جھک کر میرے گال کا بوسہ لیا۔ اور محبت سے بولا۔

''سالگرہ مبارک ہو ڈیڈی''

''شکریہ موہت — لیکن تم یہاں۔ میرا مطلب ہے —''

ہم آپ کو سرپرائز دینا چاہتے تھے ڈیڈی'' —

اس نے مسکرا کر نشا کو دیکھا جس کا چہرہ گلگوں ہو رہا تھا۔ وہ بڑی احتیاط سے ربن کھول کر کیک نکال رہی تھی۔ دیکھتے دیکھتے کیک میز پر سجا دیا گیا۔ اور ایک موم بتی اس پر لگا کر روشن کردی گئی۔

''ڈیڈی پلیز کیک کاٹیں۔''

موہت نے میرے ہاتھوں میں چھری تھمادی — میں نے پھونک مار کر موم بتی بجھائی۔ تو نشا اور موہت نے آہستہ آہستہ تالیاں بجا کر دھیمے سُروں میں 'ہیپی برتھ ڈے ٹو یو' گایا۔ دونوں کی آنکھوں میں روشن چراغوں جیسی چمک تھی۔ اور ہونٹوں پر پیاری سی مسکراہٹ رقصاں تھی۔ مجھے ان پر ٹوٹ کر پیار آگیا۔ کیک کاٹنے کے بعد میں نے اپنے ہاتھ سے ایک پیس نشا کے منہ میں دیا۔ اور دوسرا موہت کے کھلے ہوئے منہ میں رکھ دیا۔ دونوں ایک ساتھ ہنس پڑے میں نے باری باری ان کی پیشانی پر بوسہ ثبت کیا۔ عجیب بات یہ تھی کہ اس وقت نشا کی پیشانی چومتے ہوئے میرے دل میں شیطانی جذبات کا دور — دور تک پتہ نہیں تھا۔ اور نہ کسی قسم کی جھجک محسوس ہو رہی تھی۔ بلکہ میں نے پورے اعتماد سے اسے پیار کیا تھا۔ ایسے ہی جیسے موہت کو کیا تھا پھر ہم خوش دلی سے کھاتے پیتے رہے اور مزے مزے کی باتیں کرتے رہے۔ جب نشا نے بل دینے کے لئے اپنا پرس کھولا۔ تو میں

نے اس کے ہاتھوں پر اپنا ہاتھ رکھ دیا۔ "نشا— آئندہ میرے سامنے اپنا پرس کبھی نہ کھولنا— یہ میرا فرض ہے۔ اسے میرے پاس ہی رہنے دو— البتہ موہت کے حقوق میں تمہیں سونپ رہا ہوں—" نشا نے شرما کر سر جھکا لیا۔ موہت شوخ نظروں سے اسے دیکھ کر مسکرا رہا تھا۔ پھر میں نے کار کی چابی موہت کی طرف بڑھا کر کہا—

"موہت بیٹا نشا کو گھر چھوڑ آؤ"—

"لیکن ڈیڈی آپ——؟"—

"میں تمہارا اسکوٹر لئے جا رہا ہوں"—

میں نے نشا کے سر پر پیار سے ہاتھ رکھا۔ موہت کا شانہ تھپتھپایا۔ اور پُر اعتماد قدموں سے باہر کی طرف بڑھ گیا۔

میرے دل نے کہا۔ "محبت کرنا موہت کا حق تھا۔ میرا نہیں۔ اور اس وقت میں اپنے دل کے فیصلے پر بے حد مسرور تھا——

سُکھ سنسار

سب کہتے ہیں کہ میں بہت خوش نصیب ہوں۔اور سچ مچ میں ہوں بھی ایسی ہی۔ یعنی خوش نصیب — ایک خوش حال خاندان — اور دولت مند شوہر — پیارے پیارے دو بچے — بنگلہ، کار — ملازم — قیمتی ملبوسات اور لاکر میں اُٹا اُٹ بھرے زیورات ایک عورت کو اور کیا چاہئے۔ یہی سب چیزیں تو خوش قسمتی کی علامت سمجھی جاتی ہیں۔ بلکہ جب سے انسانوں میں شادی بیاہ کا چلن عام ہوا ہے۔اس وقت سے آج تک عورت کی قسمت کا پیمانہ یہی رہا ہے۔

میرے شوہر ایک پرائیوٹ فرم میں جنرل منیجر ہیں اس کرسی تک پہنچنے کے لئے انہوں نے ہر وہ حربہ آزمایا جو ضروری تھا۔اس کے لئے بے چارے نے جائز اور ناجائز کا بھی لحاظ نہیں رکھا۔ کہتے ہیں محبت اور جنگ میں سب جائز ہے۔ یہ بھی تو ایک طرح کی جنگ ہی تھی۔ اب اگر سابق منیجر جو جنرل منیجر کی پوسٹ کے لئے متوقع امید وار تھا۔ ایک کار ایکسیڈنٹ میں بھگوان کو پیارا ہو گیا تو اس میں میرے شوہر کا کیا قصور؟ — اس کے بعد تو بَس وہی وہ تھے۔ اور انہیں یہ پوسٹ طشتری میں سج کر مل گئی۔ یہ طشتری انہوں نے صرف دس ہزار میں خریدی تھی — شہر کا نامی گرامی بدمعاش اپنے گرگوں کے ذریعے اکثر ایسے نیک کام کراتا تھا — اور بدلے میں نوٹ حاصل کرتا تھا — وہ تو اتفاق سے میں نے ان کی گفتگو سُن لی۔ ورنہ میرے فرشتوں کو بھی پتہ نہ چلتا کہ اس گھر کی خوشیاں تک خون آلودہ ہیں۔ بَس اس دن سے میری خوشیاں دُکھ کی آگ میں جل کر خاک ہو گئیں پھر فرم کے

ڈائریکٹر چڈھا صاحب کی پتنی کو برتھ ڈے میں جراؤ سیٹ تحفے میں دینے کے علاوہ ان کے بچّوں کو مسوری کے اسکول میں داخلہ دلانے سے لے کر ان کو پاس کرانے تک سب ہی ذمّے داریاں میرے شوہر نے بڑے خلوص سے نبھائیں۔ اور ان ساری خدمات کے صلے میں وہ ان کے خاص آدمی بن بیٹھے —— حالانکہ پہلے والا جنرل منیجر بڑا فرض شناس تھا —— اور ان سے سخت ناراض رہتا تھا۔ اس نے تو ان کا پرموشن تک روک دیا تھا —— اور کئی بار فرائض سے غفلت کے الزام میں جواب بھی طلب کر چکا تھا —— لیکن انہوں نے بھی قسم کھائی تھی کہ وہ اس عہدے تک پہنچ کر دکھائیں گے۔ انہوں نے تو اور بھی بہت کچھ دکھایا اور میں نے دیکھا —— کیونکہ میرا کام تو بس دیکھنا ہی تھا —— اب تو میں سب کچھ دیکھنے اور سہنے کی عادی ہوگئی ہوں ——

صبح سے شام تک میں ایک روبوٹ کی مانند گھر کے فرائض انجام دیتی ہوں —— رات میں بھی بچّوں کو آیا کے سپرد کرکے۔ سج بن کے اپنے افسردہ چہرے پر ہنستا مسکراتا مکھوٹا لگائے۔ پتی دیو کے ہاتھ میں ہاتھ ڈالے کلب جاتی ہوں —— پارٹیوں میں شرکت کرتی ہوں۔ اور شوہر کے دوستوں میں بیٹھ کر اونچے اونچے قہقہے لگاتی ہوں۔ یہی نہیں 'ایٹی کیٹس' کے نام پر کوک میں انگور کی بیٹی ملا کر معدے میں اتارتی ہوں۔ پپلو بھی کھیلتی ہوں۔ اور ڈانس بھی کرتی ہوں اور جب آدھی رات کے بعد گھر آتی ہوں تو ذہنی اور روحانی طور پر اتنا تھک جاتی ہوں کہ میرے سارے جذبے بھی میرے ساتھ ہی سو جاتے ہیں۔ مجھے اس وقت یہ بھی فکر نہیں ہوتی کہ مسز فلاں۔ یا مسز ڈھمک جو ہم سے لفٹ لے کر کلب سے ہمارے ساتھ آئی تھیں کب تک یہاں بیٹھ کر ڈرنک کرتی رہیں۔ کب واپس گئیں یا رات میں یہیں رہیں؟ شوہر سمجھتے ہیں کہ میں نشے کی وجہ سے اپنی سوجھ بوجھ کھو چکی ہوں انہیں کیا معلوم کہ میں اعصابی تناؤ کا شکار ہوں اور تھکن سے چور —— اپنے وجود کی کرچیاں سیج پر سجائے بکھری پڑی ہوں ——

میرے دونوں بچّے —— ایکتا اور انکت جس وقت اسکول جاتے ہیں۔ میں گہری نیند میں ہوتی ہوں —— البتہ ان کے اسکول سے واپس آنے کے بعد ایک دم فریش ہو کر ان کا

استقبال کرتی ہوں۔ کھانا ہم سب ساتھ ہی کھاتے ہیں شام کی چائے پر کبھی کبھی پتی دیو بھی موجود ہوتے ہیں اور بچوں کو اپنے باپ ہونے کا پورا ثبوت دیتے ہیں۔ پھر ہم بچوں کو ساتھ لے کر سیر کرنے جاتے ہیں اور انہیں ان کی پسند کی آئس کریم اور برگر وغیرہ کھلاتے ہیں پھر انہیں گھر چھوڑ کر آیا کو ان کے کھانے اور سونے کے متعلق ہدایات دے کر باہر چلے جاتے ہیں۔ بچوں کا ہوم ورک کرانا اور ان کی پڑھائی کی فکر کرنا ٹیوٹر کی ذمّے داری ہے۔ آخر اسے تنخواہ بھی تو اسی کی ملتی ہے۔ ہم تو بس ان کی سالانہ رپورٹ دیکھنے کا فرض ادا کرتے ہیں۔ اور ہاں۔ اسکول کی پیرنٹس میٹنگ میں بھی باقاعدگی سے جاتے ہیں۔ کیونکہ یہ بھی فیشن میں شامل ہو چکا ہے۔

یہ روٹین یوں ہی چلتا رہا— شاید کچھ سال اور یہی سب چلتا— اس بیچ ایک حادثہ ہو گیا۔ میں تو اسے حادثہ ہی کہوں گی— ہوا یہ کہ اس دن ایکتا اپنے دوست پرمود کو گھر لے آئی۔ آپ سمجھ دار ہیں۔ اتنا تو سمجھ ہی گئے ہوں گے کہ اب ہمارے بچّے جوان ہو چکے ہیں۔ یہ اور بات ہے کہ ہمیں اس کی خبر ہی نہیں ہوئی— اور ہوتی بھی کیسے— جب کہ ان کو جوان کرنے میں ہم نے کوئی محنت نہیں کی تھی۔ ان کو اپنی آنکھوں سے پَل پَل بڑھتے نہیں دیکھا— ان کے جوانی میں قدم رکھنے کے خوف نے ہماری نیندیں نہیں اڑائیں۔ ان بچوں کو تو آیا اور ٹیوٹر نے جوان ہوتے دیکھا۔ گھر کی بے جان دیواروں نے انہیں بڑھتے دیکھا— لان کے پیڑ پودوں نے انہیں سرو قد ہوتے دیکھا—

ہاں تو میں یہ کہہ رہی تھی کہ اس دن ایکتا اپنے دوست پرمود کو گھر لے کر آئی۔ شاید ہم سے ملانے میرے پتی جو ایکتا کے پتا۔ یعنی ڈیڈی بھی ہیں اس وقت گھر پر ہی تھے۔ بیٹی کے دوست کو دیکھ کر ان کی غیرت جوش میں آ گئی۔ اور پل بھر میں وہ ایک غیور اور فرض شناس باپ بن گئے۔ پرمود کو تو انہوں نے کھڑے کھڑے نکال دیا۔ بیٹی کو مارنے کے لئے بڑھے تو میں ان کے سامنے آ گئی۔ اور ایکتا کو اپنی پشت پر کر لیا۔

''یہ کیا کر رہے ہیں آپ؟ جوان بیٹی پر ہاتھ اٹھانا آپ پر شوبھا نہیں دیتا۔ اگر اولاد غلطی کرے تو اس کو ٹوکنا ہمارا فرض ہے''—

''اس کی ہمت کیسے ہوئی اس لونڈے کو گھر لانے کی؟ وہ غصّے سے کف اڑاتے ہوئے دھاڑے — میں نے ایکتا کو وہاں سے جانے کا اشارہ کیا تو وہ بالکل ہی آپے سے باہر ہو گئے —

''تمہاری ہی شہہ نے بچّوں کو بگاڑا ہے'' —

''کاش میں ایسا کر سکتی — لیکن مجھے تو اتنا بھی وقت نہیں ملا کہ انہیں بگاڑ سکوں — بنانے کا تو خیر سوال ہی نہیں اٹھتا۔'' میں نے افسردگی سے کہا —

''تم کیسی ماں ہو؟'' وہ الجھ کر بولے —

''یہی تو افسوس ہے کہ میں ان کی ماں ہو کر بھی ایک ماں کے فرائض ادا نہیں کر سکی۔ اور نہ ہی آج سے پہلے کبھی تم نے باپ ہونے کا ثبوت دیا۔ بلکہ میں تو ایکتا اور پرمود کی شکر گزار ہوں کہ انہوں نے تمہیں یہ احساس تو دلایا کہ تم دو بچّوں کے باپ بھی ہو'' —

''میں — میں جو کچھ کرتا ہوں انہیں کے لئے کرتا ہوں — دن رات محنت کر کے پیسہ کماتا ہوں — یہ ٹھاٹ باٹ — تمہارے میکے والوں کی دولت پر نہیں ہوتے'' —

''میکے کا طعنہ دینا بیکار ہے۔ انہوں نے تو ایک سیدھے سادے شریف انسان کو بیٹی دی تھی۔ یہ دولت اور عیش و آرام کس کام کا جس نے ان کی بیٹی کو دکھوں کی آگ میں جلا کر بھسم کر ڈالا۔ اور وہ غریب تم سے اپنی بیٹی کے دکھوں کا حساب بھی نہیں لے سکتے'' —

''دُکھ — ؟ کیسے دُکھ؟ — یہ بنگلہ — کاریں آرام و آسائشیں تمہیں سُکھ نہیں دے سکتے تو جا کر کسی بھکاری کے ہاں مری ہوتیں۔ تمہارا دماغ خراب ہو گیا ہے؟''

''ہاں — میرا دماغ خراب ہو گیا ہے۔ جب ہی تو تمہارے دیئے ہوئے سُکھ کا احسان نہیں مانتی۔ کبھی تم سے یہ نہیں پوچھتی کہ اتنی دولت کہاں سے آتی ہے۔ تمہاری ٹوہ نہیں لگاتی — تمہاری مصروفیات کا حساب نہیں مانگتی کبھی کسی حرکت پر اعتراض نہیں کرتی — لیکن یہ جو اچانک تمہیں باپ بننے کا شوق چرایا ہے — اس پر ضرور اعتراض ہے مجھے — آج تک تم نے بچّوں کی پرورش یا تعلیم و تربیت میں کوئی دلچسپی نہیں لی — کبھی باپ بن کر

ان کے مستقبل کے بارے میں نہیں سوچا تو اب تمہیں کیا حق ہے کہ ان کے ذاتی معاملات میں ٹانگ اڑاؤ کہیں ایسا نہ ہو کہ وہ بھی تم پر زبان کا وار کر بیٹھیں۔ کیونکہ تمہاری زندگی کا ہر لمحہ ——ہر پل ان کے سامنے ہے—— اور یہ بچے اپنی ماں کی طرح بے زبان بھی نہیں ہیں''——

میری کھری کھری باتیں سن کر شوہر صاحب لال پیلی آنکھوں سے مجھے گھورتے رہے—— اور پھر کار کی چابی اٹھا کر تنتناتے ہوئے باہر نکل گئے۔ ان کے جانے کے بعد ایکتا سہمی ہوئی میرے پاس آ گئی اور میرے سینے سے لگ کر رونے لگی—— میں نے اسے پیار کیا۔ اس کا منہ ہاتھ دھلوایا اور اسے اپنے ہاتھ سے چائے بنا کر پلائی۔ اب وہ کسی حد تک نارمل تھی—— میں نے اپنے ہونٹوں پر سہیلیوں جیسی مسکراہٹ سجا کر بڑی رازداری سے پوچھا——

''یہ مودی کیسا لڑکا ہے ایکتا؟''——

——وہ پرمود کو مودی کہتی ہے۔ جب لڑکی—— لڑکے کا پورا نام نہ لے کر اسے پیار کے چھوٹے سے نام سے پکارے تو ماں کو سمجھنے میں دیر نہیں لگتی کہ معاملہ محض دوستی تک محدود نہیں۔ بلکہ بات ذرا آگے تک جا چکی ہے۔ اور ماں باپ کا آشیرواد انہیں ہمیشہ کے لئے ایک کر سکتا ہے۔ سو میرا سوال سن کر وہ شرما گئی اور آہستہ سے بولی۔

''ممی—— وہ—— وہ—— بہت اچھا ہے''۔

''——اور تم سے پیار بھی کرتا ہے—— ہے نا؟''

''اوہ ممی تم کتنی اچھی ہو؟''——

وہ مجھ سے لپٹ گئی—— میں نے پرمود کے بارے میں تفصیل سے ہر بات پوچھی—— اور مطمئن ہو گئی۔ دوسرے دن میں پرمود کے گھر جا کر اس کے ماتا پتا سے ملی تو یہ دیکھ کر حیران رہ گئی کہ وہ سب لوگ ایکتا سے اچھی طرح واقف ہیں۔ یہی نہیں وہ لوگ اس سے بہت پیار کرتے ہیں۔ وہ اکثر وہاں جاتی رہتی تھی—— اس کا مطلب یہ تھا کہ وہ اپنے بیٹے سے بہت قریب تھے—— انہیں اس کی خوشیوں کا پورا خیال تھا اور انہوں نے ایکتا کو اپنی ہونے والی بہو کے روپ میں قبول کر لیا تھا۔ اس کے برعکس ہم نے پرمود کو کیا دیا؟ ذلت و

خواری اور یہ سب محض اس لئے تھا کہ ہم اپنے بچّوں سے دور تھے۔

میں نے پرمود سے اپنے پتی کے رویّے کی معذرت کی۔ وہ ہنس دیا۔

"آنٹی! میں جانتا تھا کہ یہی ہوگا — میں نے منع بھی کیا تھا۔ لیکن وہ اپنے ساتھ لے گئی — دراصل ہمیں اوّل اول اپنے ماں باپ کو اپنے اعتماد میں لینا چاہئے اگر انہیں اندھیرے میں رکھا جائے تو پھر اچانک جب کوئی بات انہیں معلوم ہوگی تو اس کا ردِّ عمل وہی ہوگا — جو انکل کا ہوا"—

اب میں اس سے کیا کہتی کہ ہمارے جیسے ماں باپ جو خود اندھیروں میں بھٹک رہے ہوں۔ وہ بچّوں کے اعتماد کے لائق نہیں ہوتے۔

ایکتا اور پرمود کا رشتہ پکّا ہوگیا۔ میں نے پتی دیو کو بیاہ کی تاریخ سے مطلع کر دیا۔ پہلے تو لگا کہ وہ غصّے میں مجھے شوٹ ہی کر دیں گے۔ میں بھی پوری طرح تیار تھی — لیکن اس کی نوبت نہیں آئی۔ انہوں نے خاموشی سے چیک بک میری طرف بڑھا دی۔

ایکتا کی شادی کے بعد میں نے ایک دم ساری مصروفیات ترک کر دیں۔ کلب، پارٹیاں، فنکشن سب کو خیر باد کہہ دیا۔ شروع میں تو اِدھر اُدھر کے بہانے کرتی رہی۔ اور پتی دیو کو ٹالتی رہی لیکن جب ان کا اصرار ضِد کی صورت اختیار کر گیا — تو میں نے صاف جواب دے دیا — بس بہت ہوگیا شریمان جی اب تک میں آپ کی پتنی بن کر رہی ہوں۔ اب اپنے بچّوں کی ماں بن کر رہنا چاہتی ہوں۔ میری مانئے تو اب آپ بھی ساری خرافات سے توبہ کر کے اپنے گھر پر توجہ دیجئے — یہ نہ بھولئے کہ آپ کا بیٹا بھی جوان ہو چکا ہے اور میں نے بہو بھی پسند کر لی ہے"۔

"تم نے بہو پسند کر لی ہے یا بیٹے نے خود ہی کوئی لڑکی پسند کر کے ہمارے اوپر مسلّط کرنے کا فیصلہ کر لیا ہے؟"۔

آدمی تیز تھا — ایک دم بات کی تہہ تک پہنچ گیا —

"اس کی اور ہماری پسند الگ تو نہیں ہے — میں نے بھی گول مول جواب دیا۔

"آخر کون لڑکی ہے۔ اس کے ماں باپ کا اسٹیٹس کیا ہے۔ ہمیں جہیز کتنا دیں

گے۔ ہمارا انکت کوئی معمولی لڑکا نہیں ہے"

"جانتی ہوں — لیکن جہیز میں پھوٹی کوڑی نہیں ملے گی — کیونکہ شپرا خود ایک انمول رتن ہے"

"شپرا — ؟ — نام تو کچھ سنا ہوا ہے۔"

"ضرور سنا ہوگا — بلکہ آپ نے اسے دیکھا بھی ہوگا — پچھلے دنوں آپ کے ہاں انکم ٹیکس کا جو چھاپہ پڑا تھا۔ وہ شپرا کا ہی کارنامہ تھا"۔

"یعنی شپرا تیاگی — انکم ٹیکس افسر؟" —

"جی وہی —" میں نے فخریہ اقرار کیا۔ پتی دیو کی شکل اس وقت دیکھنے والی تھی۔ مجھے ذرا سا دکھ بھی ہوا۔ لیکن ہنسی زیادہ آئی۔ خصوصاً یہ سوچ کر کہ شپرا نے اپنے ہونے والے سسر کو کیسا تگنی کا ناچ نچایا تھا۔ کچھ دیر سوچ کر بولے۔

"اب میں سمجھا اس سازش میں تمہارا انکت بھی شامل تھا — کم بخت آستین کا سانپ — جس نے دودھ پلایا اسی کو ڈس لیا"

"تمہیں تو خوش ہونا چاہئے کہ تمہارا بیٹا ایک فرض شناس انسان اور ایمان دار افسر ہے۔ اور اس بات کے لئے تم جتنا پچھتاؤ کم ہے کہ اس کا کردار اور کیریر بنانے میں تمہاری تربیت کا ذرا بھی ہاتھ نہیں ہے۔ ورنہ آج تم اسے کوسنے کے بجائے اس پر فخر کرتے۔ اب یہ نہ کہنا کہ بچوں کو میں نے بگاڑا ہے — بھگوان کی سوگند۔ میں نے ان کے لئے اچھا برا کچھ نہیں کیا"۔

میں نے مسکین صورت بنا کر کہا۔" —

میں تمہاری شرارت خوب سمجھتا ہوں" —

پتی دیو کے ہونٹوں پر ایک میٹھی مسکان دیکھ میں بے ساختہ ہنس پڑی۔

"کچھ پتہ ہے کہ اس شپرا کی بچی نے فرم کو کتنے لاکھ کی چپت دی ہے — اور یہ انکت — اس سے تو میں اچھی طرح سمجھوں گا — کم بخت گھر کا بھیدی ہی لنکا ڈھانے لگا" —

انہیں پھر غصہ آ گیا—

''تم نے بھی غضب کیا کہ حساب کتاب کے سارے سیاہ وسفید کھاتے گھر لے آئے یہ نہ سوچا کہ ایک موذی گھر ہی میں موجود ہے'' میں نے اور چڑایا۔

''اس الو کے پٹھے کو انکم ٹیکس میں جانے کی صلاح کس نے دی تھی۔ اور کہیں ملازمت نہیں ملی اسے؟''—

''صلاح کون دے گا— وہ خود عقل وشعور رکھتا ہے— سوچا ہوگا کہ کوئی ایسی جاب کرے کہ اپنا باپ بھی ہمیشہ ڈرتا رہے—''

میرا جواب تھا—

''اور اب شیرا بھی اس گھر میں بہو بن کر آنے والی ہے۔ یعنی ''یک شد نہ دو شد'' دیکھو کیا گل کھلاتے ہیں یہ دونوں انکم ٹیکس افسر''—

''گھبراؤ نہیں وہ کتنی بھی لاٹ صاحب ہو۔ اس گھر میں اسے ہندوستانی بہو بن کر ہی رہنا ہوگا— ورنہ—؟''

ورنہ کیا؟''—

''میں نے ابھی سے پانچ لیٹر مٹی کے تیل کا انتظام کر لیا ہے۔''

میں نے سوکھا سا منہ بنا کر کہا—

''اچھا— تو یہ ارادے ہیں؟''—

وہ ہنسے تو میں بھی ہنس دی۔

''شکر بھیج کہ اس نے تیرے پتی کو بخش دیا— ورنہ تجھے دو چلو پانی تلاش کرنا پڑتا۔ ڈوبنے کے لئے''

''اب میں اتنی بھی غیرت دار نہیں ہوں شریمان کہ آپ کے بدلے خود ڈوب مروں؟''—

''ٹھیک ہے— مت ڈوب یہ لے چیک بک اور بیٹے کے بیاہ کا انتظام کر''—

پتی دیو نے حسبِ عادت چیک بک بڑھائی۔

"رہنے دیں—انکت نے کہہ دیا ہے کہ بیاہ کا سارا خرچ وہی کرے گا۔"
میں نے فخر یہ بتایا۔
"ہوں اب سمجھا کہ اتنا کیوں اینٹھ رہی ہو۔ بیٹے کی کمائی کا غرور ہو گیا ہے نا؟"۔
"غرور نہیں سُر ور—نشہ"۔
میں نے بڑی ترنگ میں آ کر کہا۔
سچ مچ اب تو مجھے بھی اپنی خوش نصیبی پر یقین ہو چلا ہے۔ دکھوں کے ساگر میں ڈوب کر ہی یہ انمول موتی ہاتھ آیا ہے۔—

پچھلا دروازہ

بتول کی اچانک موت نے سرمد کو زندگی سے بیزار کر دیا اسے دنیا سے رغبت نہیں رہی۔ ہنستا بستا گھر دیکھتے ہی دیکھتے اُجڑ گیا۔ مانو وقت کی رفتار رک گئی ہو۔ شب وروز میں جو ایک نظم وضبط تھا۔ ایک ترتیب تھی ٹھہراؤ تھا سب کچھ ختم ہو گیا لیکن کاروبار حیات میں کوئی فرق نہیں آیا تھا۔ فرق آیا تھا تو بس اس کی زندگی میں — کمی آئی تھی تو بس اس کی زندگی میں — بتول کے بعد اسے گھر سے وحشت ہونے لگی تھی جی چاہتا تھا کہ سب کچھ چھوڑ کر کہیں نکل جائے — لیکن وہ تنہا نہیں تھا — اس کی تنہائی اپنی جگہ تھی — اس سے جڑی ہوئی ہستیاں اسے بار بار یاد دلاتی تھیں کہ وہ کسی کا بیٹا ہے۔ کسی کا باپ ہے۔ بوڑھے والدین اور ننھی انعم۔ جو بتول کی واحد نشانی تھی۔ اس کے پاؤں کی زنجیر بن گئے تھے۔ وہ انہیں نظرانداز نہیں کر سکتا تھا — گھٹن جب زیادہ بڑھی تو اس نے اپنا تبادلہ دوسرے شہر کرا لیا۔ انعم کو نانا۔ نانی کے حوالے کیا۔ اور نئی راہوں پر نئی منزل کی تلاش میں چل پڑا —

نئی جگہ، نئے لوگ، نیا ماحول رفتہ رفتہ اسے راس آنے لگا — چند روز ایک ہوٹل میں گزارے۔ پھر دفتر کے ایک ساتھی نے اسے اپنے محلّے میں ایک کمرہ کا فلیٹ دلوا دیا۔ علاقہ صاف ستھرا تھا۔ پانچ چھ منزلہ اپارٹمنٹس سر اٹھائے کھڑے تھے۔ مارکیٹ، ہوٹل ریسٹورنٹ — ضروریاتِ زندگی کی ہر سہولت موجود تھی — اور ان اپارٹمنٹس کے درمیان ایک پرانی حویلی سر اٹھائے کھڑی تھی — جسے دیکھ کر اندازہ ہوتا تھا کہ یہ کسی خاندانی رئیس کی موروثی، یادگار ہے — اور اس حویلی کا مالک اپنے بزرگوں کی شان اور عزّت کو سینے سے

لگائے بیٹھا ہے۔ جبکہ ہر شہر میں فلک بوس عمارتیں دیکھ کر اندازہ ہوتا تھا کہ لوگوں کی سوچ بدل چکی ہے۔ پرانی حویلیاں ختم ہو چکی ہیں اور محلات کی جگہ کنکریٹ کا شہر آباد ہو چکا ہے۔ اور زمینوں کی قیمت آسمان چھو رہی ہے— کھلے صحن۔ کشادہ مکان خواب ہو گئے تھے۔ ان کی جگہ کبوتروں کی کابک جیسے فلیٹ وجود میں آ گئے تھے۔ جہاں نہ ہوا کا گزر تھا۔ نہ روشنی کا۔ لیکن لوگ خوش تھے کہ وہ نئے زمانے کے ساتھ۔ نئے رجحان کے ساتھ زندگی جی رہے ہیں۔ بلکہ فخر کے احساس کے ساتھ اپنا طرزِ زندگی بھی تبدیل کر چکے ہیں۔ جتنی رقم میں زمین کا ایک ٹکڑا۔ جسے پلاٹ کہا جاتا تھا— ملتا تھا— اتنی رقم میں بنا بنایا فلیٹ مل جاتا تھا— بنگلے اور کوٹھیاں انہیں لوگوں کی ملکیت تھے— جن کے پاس دو نمبر کا پیسہ تھا— یا پھر کروڑوں کا کاروبار تھا— پرانے مکانات بلڈرز کی آنکھوں میں کھٹکتے تھے۔ اور وہ طرح طرح کا لالچ دے کر صاحب جائداد کو آمادہ کرتے تھے کہ وہ ان سے کنٹریکٹ کر لیں۔— سرمد کو اس حویلی سے دلچسپی تھی۔ اسے دیکھ کر گاؤں کی اپنی حویلی یاد آ جاتی تھی— وہ بچپن میں اکثر گاؤں جاتا تھا— پھر دادا نے اسے فروخت کر دیا— اور بیٹوں کو پیسہ دے دیا— خاندانی حویلی کا بٹوارہ تو ناممکن تھا کیونکہ کوئی بیٹا گاؤں میں رہنے کے لئے تیار نہیں تھا— اس کے بابا نے بھی شہر میں مکان خرید لیا۔ کچھ پیسہ کاروبار میں لگایا— اور اسے اچھی تعلیم دلوائی— یہاں اس حویلی کو دیکھ کر اسے گاؤں والی حویلی یاد آ جاتی تھی— خدا جانے یہ اب تک کیسے بچی ہوئی تھی— آتے جاتے وہ اس پر ایک نظر ضرور ڈالتا تھا۔ حویلی کی خاموشی دیکھ کر اندازہ ہوتا تھا کہ اس کے مکینوں کی تعداد کم ہے۔ پھاٹک بند رہتا تھا— کبھی کبھی ذیلی کھڑکی کھلی نظر آتی تھی۔ اور ایک بوڑھا ملازم آتے جاتے دکھائی دے جاتا تھا—

کام والی ماسی ایک دن بیچ آتی تھی۔ چائے اور ناشتے کے برتن دھو کر صفائی کرتی۔ اور جھاڑو پوچھا کر دیتی تھی رات کا کھانا وہ قریبی ہوٹل میں کھاتا تھا۔ لنچ آفس کے کینٹین میں کرتا۔ صبح کا ناشتہ چائے اور بریڈ سے کر لیتا تھا۔ ماسی ذرا باتونی تھی۔ ادھر اُدھر کی باتیں کرنا اس کی عادت میں شامل تھا— ایک دن اس نے ماسی سے حویلی کے بارے میں پوچھا تو وہ بتانے لگی۔

''حویلی کے مالک سردار علی خاں اپنی بیوہ بیٹی اور نواسے کے ساتھ رہتے ہیں۔ گھر کے کام کاج کے لئے رمضان میاں ہیں اور کسی رشتے دار کو کبھی آتے جاتے نہیں دیکھا۔۔ نہ ہی وہ لوگ کسی سے ملتے جلتے ہیں۔''۔۔

''ان کا کوئی بیٹا نہیں ہے؟''۔۔ سرمد نے سرسری انداز میں پوچھا۔۔

''ایک بیٹا تھا۔۔ فوج میں افسر تھا۔ کسی لڑائی میں شہید ہو گیا۔۔ سرکار نے پنشن مقرر کی تھی۔ لیکن خان صاحب نے یہ کہہ کر پنشن لینے سے انکار کر دیا کہ وہ اپنے وطن کے لئے شہید ہوا ہے۔ کسی پر احسان نہیں کیا جو تمام زندگی اس کے نام کی پنشن کھائیں''۔۔۔

سرمد کو بڑا تعجب ہوا۔ پنشن تو ہر فوجی کے گھر والوں کو ملتی ہے۔۔ اس میں نیا کیا تھا ۔۔ شاید خانصاب کچھ زیادہ ہی محبِ وطن ہیں۔۔ یا پھر خوددار ہیں۔۔

اتوار کا دن تھا۔۔ وہ دوپہر میں کھانا کھا کر ہوٹل سے گھر آ رہا تھا کہ حویلی کے پھاٹک کی ذیلی کھڑکی کھلی نظر آئی۔ اچانک ایک بچہ باہر نکلا۔ اور سڑک کی طرف دوڑنے لگا جب تک وہ کچھ سمجھتا۔ بچہ ایک سائیکل سے ٹکرا کر گر پڑا۔۔ اس نے لپک کر اسے گود میں اٹھا لیا۔۔ بچے کو زیادہ چوٹ نہیں آئی تھی۔ بس ڈر گیا تھا۔۔

اس کی طرف سے اطمینان ہوا تو وہ سائیکل سوار سے مخاطب ہوا۔ پندرہ سولہ برس کا لڑکا شرمندہ سا کھڑا تھا۔ اس نے بھاگنے کی کوشش نہیں کی تھی۔ سرمد نے بھی اسے ہلکی سی تنبیہہ کر کے جانے کا اشارہ کیا۔ اور بچے کو کاندھے سے لگائے قریبی دوکان تک گیا۔ اس کے لئے چاکلیٹ خریدی پھر۔ حویلی کے پھاٹک کی زنجیر کھڑکائی۔ لیکن اندر سے کوئی جواب نہیں آیا تو وہ کھڑکی سے اندر چلا گیا۔۔ بڑے سے احاطے کے بیچوں بیچ اصل عمارت نظر آئی۔ اس نے داخلی دروازہ کی کنڈی کھنکھٹائی تو رمضان میاں باہر نکلے۔ اور بچے کو اس کی گود میں دیکھ کر پریشانی سے بولے۔۔

''۔۔۔ میاں۔۔ یہ ببوا۔۔ آپ کو کہاں مل گیا؟''۔۔ ہم نے تو گھر کا کونہ کونہ چھان مارا''۔۔ انہوں نے ہاتھ پھیلا کر بچے کو لینا چاہا تو وہ سرمد سے اور زیادہ چمٹ گیا۔۔

''میاں۔۔ آپ اندر آ جائیں۔ میں خانصاحب کو بلاتا ہوں''۔۔ انہوں نے

بیٹھک کھول دی۔ اور اسے اندر آنے کا اشارہ کیا۔ سرمد نے اندر جا کر ایک طائرانہ نظر چاروں طرف ڈالی — بیٹھک قیمتی اور خوبصورت فرنیچر اور دیدہ زیب آرائشی سامان سے سجی ہوئی تھی۔ اونچی چھت سے جھاڑ فانوس لٹک رہے تھے۔ قدِ آدم شیشے۔ گل دان اور دیواروں پر نایاب پینٹنگز آویزاں تھیں۔ آتشدان پر خاندانی بزرگوں کی تصویریں رکھی تھیں — درمیانی میز ہشت پہل تھی۔ ایرانی قالین نے تقریباً پوری بیٹھک کو گھیر رکھا تھا — سرمد نے قدموں کی آواز سن کر رخ موڑا — سرخ و سپید رنگت والے ایک باوقار اور وجیہہ بزرگ سامنے کھڑے مسکرا رہے تھے۔

سرمد نے انہیں سلام کیا تو بڑی شفقت سے بولے۔

"جیتے رہو بیٹا! کھڑے کیوں ہو — بیٹھو —"

بچے نے ان کی آواز سن کر سرمد کے شانے سے سر اٹھا کر انہیں دیکھا — اور گود سے اتر کر ان کے پاس چلا گیا — "آپ تشریف رکھیں" — سرمد نے ادب سے کہا — وہ بچے کو گود میں لے کر بیٹھ گئے — تو اس نے بھی نشست سنبھالی۔ "رمضان میاں بتا رہے تھے کہ گڈو باہر نکل گیا تھا — یہ میرا نواسہ ہے۔" — خانصاحب نے ہنس کر تعارف کرایا — "گڈو میاں نہ صرف باہر نکل گئے تھے۔ بلکہ ایک سائیکل سے ٹکرا بھی گئے تھے۔ خدا کا شکر ہے کہ انہیں چوٹ نہیں آئی" — سرمد نے بتایا۔

"شکریہ بیٹا — تم نے ہمیں بڑی مصیبت سے بچا لیا — ہم سب تو انہیں اندر تلاش کر رہے تھے — کھڑکی عموماً بند رہتی ہے اس وقت شاید رمضان میاں بند کرنا بھول گئے" — رمضان میاں ایک کشتی میں شربت کا جگ اور گلاس لے کر آ گئے — خانصاحب نے گڈو کو ان کے حوالے کیا اور اس سے باتیں کرنے لگے — تھوڑی دیر میں وہ ایک دوسرے سے اچھی طرح واقف ہو گئے — اس نے ان سے جانے کی اجازت مانگی تو خانصاحب اسے دروازہ تک چھوڑنے آئے اور بے حد اصرار سے کہا —

"سرمد بیٹا — کبھی کبھی آ جایا کرو — تم سے مل کر بہت خوشی ہوئی" —

"جی ضرور، حاضر ہو جایا کروں گا۔"

سرمد نے انہیں سلام کیا۔ اور حویلی کے باہر آ گیا۔ پھر وہ اکثر خانصاحب کے پاس جانے لگا۔ ان کی گفتگو بہت دلچسپ ہوتی تھی — وہ بہت پڑھے لکھے اور قابل انسان تھے۔ ان کی انگریزی کی قابلیت بھی کم نہیں تھی — سرمد ان سے بہت متاثر ہوا ایک دن گڈو کھیلتا ہوا باہر آ گیا۔ وہ بھی سرمد سے کافی مانوس ہو گیا تھا — سرمد اکثر اس کے لئے چاکلیٹ اور اُس کے پسندیدہ کیک لے جاتے تھے — اس وقت بھی سرمد نے انہیں چاکلیٹ کا پیکٹ تھما دیا۔ پھر — خانصاحب سے کہا۔

''خانصاحب — آپ گڈو میاں کا اسکول میں داخلہ کرا دیجئے — اس کی عمر اسکول جانے کی ہے۔ بچہ ذہین ہے۔ گھر میں رہ کر یہ کیسے پڑھے گا؟''۔

''حُسنہ اسے پڑھاتی ہے — لیکن اسکول والی بات کہاں ہو سکتی ہے۔ تم ہی کوئی اسکول بتاؤ — '' خانصاحب اس کی تجویز سے متفق تھے'' — سرمد نے بتایا

''قریب ہی سینٹ فرانسِس اسکول ہے۔ میرے دوست کا بچہ بھی وہاں پڑھتا ہے — اگر آپ اجازت دیں تو میں پرنسپل سے بات کروں؟'' —

''ضرور بات کرو بلکہ ساتھ لے جا کر ان کا داخلہ کرا دو'' —

خانصاحب کی اجازت ملی تو سرمد نے گڈو کا داخلہ اسکول میں کرا دیا — گھر میں تو ماں کے علاوہ بس دو نفوس تھے خانصاحب اور رمضان میاں۔ اسکول میں گڈو میاں کو نئے نئے دوست ملے — پیار کرنے والی ٹیچریں — طرح طرح کے آؤٹ ڈور — اور انڈور گیمس انہوں نے بالکل ایک نئی جادوئی دنیا دیکھی تو ان کا دل لگ گیا۔ اسکول کے رکشہ سے آنے جانے کی بھی سہولت تھی۔ اس لئے کسی قسم کی پریشانی نہیں تھی — خانصاحب سرمد کے بہت ممنون تھے — اور اب تو وہ اسے بے حد اپنا سمجھنے لگے تھے — سرمد بھی ان کی شفقت اور اپنائیت سے متاثر تھا — البتہ — ان میں اتنا لحاظ ضرور تھا کہ ایک دوسرے کی ذاتی زندگی کے بارے میں گفتگو نہیں کرتے تھے — اس لئے سرمد ان کی بیٹی حُسنہ کے بارے میں کچھ نہیں جانتا تھا — حالانکہ بہت کچھ جاننا چاہتا تھا۔ لیکن ہمت نہیں پڑتی تھی — مہینے میں ایک بار وہ گھر جا کر والدین اور انعم سے مل آتا تھا۔ اور خانصاحب بھی

اس کے اس معمول سے واقف تھے — اس بار وہ گھر گیا تو ابا نے تھوڑی بہت مرمّت اور پینٹنگ کا کام اس کو سونپ دیا — یوں تو وہ تین چار دن وہ کر واپس چلا جاتا تھا — اب کام کی وجہ سے اسے ہفتہ بھر لگ گیا۔ آفس میں اس کے لئے ڈھیروں کام پڑا تھا — اس نے ڈیوٹی کے اوقات سے علاوہ بھی کئی کئی گھنٹے کام کیا۔ چھٹی ملتے ہی وہ خانصاحب سے ملنے چلا گیا۔ رمضان میاں نے بتایا کہ ان کی طبیعت خراب ہے۔ اور انہیں اندر خانصاحب کی خواب گاہ میں لے گیا — وہ اسے دیکھ کر خوش ہو گئے۔ رسمی باتوں کے بعد سرمد نے ان سے کہا —

''خانصاحب! آپ کی طبیعت تو کچھ زیادہ ہی خراب ہے رمضان میاں بتا رہے تھے کہ آپ نے اب تک ڈاکٹر کو نہیں دکھایا — یہ آپ نے اچھا نہیں کیا — '' —

''سرمد میاں — بھلا بخار بھی کوئی ایسا مرض ہے کہ ڈاکٹری دوا کی جائے — دو ایک دن میں خود بخود اتر جائے گا — میں جوشاندہ پی رہا ہوں'' — خانصاحب نے اپنی بیماری کو اہمیت نہیں دی لیکن سرمد نہیں مانا۔ اس نے ایک اچھے ڈاکٹر کو حویلی بلا کر خانصاحب کو دکھایا — اور ان کی ایک نہیں سُنی — ڈاکٹر کے علاج سے وہ جلدی ہی ٹھیک ہو گئے — لیکن کمزور بہت ہو گئے تھے — خانصاحب کی بیماری کے دوران — دو تین بار حُسنہ سے بھی ان کی بات چیت ہوئی — پردے کی آڑ سے اس نے خانصاحب کی دواؤں اور پرہیز کے بارے میں اسے ہدایات دیں — حُسنہ ان کی بہت شکر گزار تھی — جس کا اظہار بھی وہ کئی بار کر چکی تھی — سرمد نے ابھی تک اس کی جھلک تک دیکھنے کی کوشش نہیں کی تھی — دراصل وہ خانصاحب کی بہت عزّت کرتا تھا — اور ان کے حوالے سے ان کی بیٹی کی بھی عزّت کرتا تھا — خانصاحب تندرست ہو گئے تو اس کا آنا جانا کم ہو گیا — جب وہ کئی دن کے بعد ان سے ملنے گیا تو انہوں نے شکایت بھی کی — اور اسے معذرت کرنا پڑی۔ خانصاحب کسی ضرورت سے اندر گئے تو پردہ کی اوٹ سے حُسنہ نے براہِ راست اس سے کہا۔

''سرمد صاحب آپ نے تو آنا ہی چھوڑ دیا۔ بابا آپ کو بہت یاد کرتے تھے — '' —

نہ جانے کیسے اس کے مُنہ سے نکل گیا—

"—اور آپ—؟؟ کہہ کر وہ خود ہی شرمندہ ہو گیا—حُسنہ نے دھیمی آواز میں اعتراف کیا—

"میں بھی"——اور پھر شاید وہ پردہ کے پاس سے ہٹ گئی— لیکن یہ دو حرف گویا اس کی زندگی میں بہار کا جھونکا بن کر آئے اور اسے نہ جانے کن جہانوں کی سیر کرانے لگے—بتول کے بعد اس نے کسی کے بارے میں اس طرح نہیں سوچا تھا—والدین نے اس پر دوسری شادی کے لئے زور دیا تو وہ خفا ہو گیا— لیکن—اب—وہ حُسنہ کے بارے میں سوچنے لگا تھا— اس نے اب تک اسے نہیں دیکھا تھا— لیکن اسے یقین تھا کہ وہ خوبصورت نہ سہی قبول صورت ضرور ہو گی— اور نہ بھی ہوئی تو کوئی فرق نہیں پڑے گا——اب اسے اپنا فلیٹ سونا سونا لگنے لگا تھا— تنہائی کا احساس اتنا بڑھا کہ اس نے حُسنہ سے بات کرنے کا فیصلہ کر لیا— تاکہ پہلے اس کا عندیہ لے لے—تب خانصاحب کو اپنی خواہش سے آگاہ کر کے ان کی اجازت سے حُسنہ کو اپنا بنائے—اسے یقین تھا کہ وہ انکار نہیں کریں گے۔ اس بار وہ گھر گیا تو اس نے اماں سے اپنی خواہش کا اظہار کیا—اور حسنہ کے بارے میں بتایا تو وہ خوش ہو گئیں۔ وہ تو کب سے اس انتظار میں تھیں کہ بیٹا شادی کے لئے راضی ہو جائے—دو تین لڑکیاں ان کی نظر میں تھیں بس سرمد کی رضامندی کی منتظر تھیں—سرمد جانے لگا تو اماں نے یاد دہانی کرائی—

"خانصاحب سے بات کر کے فوراً مجھے بتانا— میں تمہارے ابا کے ساتھ خود رشتہ لے کر جاؤں گی"—

—سرمد خود بھی جلد سے جلد شادی کرنا چاہتا تھا—جب وہ حویلی گیا تو بے کراں سناٹے نے اس کا استقبال کیا۔ چہل پہل تو کبھی پہلے بھی نہیں رہتی تھی۔ لیکن ایسا سناٹا بھی نہیں رہتا تھا۔ عجیب سی ویرانی کا احساس ہو رہا تھا۔ پھاٹک کی ذیلی کھڑکی بدستور بند تھی۔ جب سے گڈو اسکول جانے لگا تھا خانصاحب نے کال بیل لگوا دی تھی۔ تاکہ رکشہ والے کو آسانی ہو جائے—اور گڈو کو لانے لے جانے کے وقت گھنٹی بجا کر اپنی آمد کی اطلاع دے

سکے۔ سرمد نے کال بیل بجائی تو دس منٹ کے بعد کھڑکی کھل گئی۔ رمضان میاں نے اسے دیکھتے ہی لپٹا لیا— اور زور زور سے رونے لگے— سرمد گھبرا گیا—

"خیریت رمضان میاں—؟"—

"خانصاحب گزر گئے میاں—" وہ روتے ہوئے بولے—

"کب— کیسے؟"—

"پرسوں— دل کا دورہ پڑا تھا— منٹوں میں چٹ پٹ ہو گئے— رمضان میاں نے بتایا— سرمد اندر گئے۔ سجی ہوئی بیٹھک پر ویرانی چھائی ہوئی تھی۔ رمضان میاں اندر حُسنہ کو اطلاع دینے جا چکے تھے۔ وہ غم زدہ اور پریشان کھڑے تھے۔ جب پردہ کے دوسری طرف سے حُسنہ کی آواز آئی—

"سرمد صاحب— بابا ہمیں چھوڑ کر چلے گئے"—

حُسنہ کی سسکیوں نے انہیں تڑپا دیا۔ آہستہ سے بھرائی ہوئی آواز میں کہا—

"یہ میری بدنصیبی ہے کہ ان کے آخری وقت میں ان کے پاس نہیں تھا— کیا کبھی اس کے پہلے بھی انہیں سینے میں درد کی شکایت ہوئی تھی—؟"—

"کبھی نہیں— یہ پہلا دورہ تھا جو جان لیوا ثابت ہوا"

"میں آپ کے غم میں شریک ہوں۔ میرے لائق جو بھی خدمت ہو بلا تکلف کہیں—"—

"جی ضرور—" دھیرے سے کہا۔ صاف لگ رہا تھا کہ بے پناہ صدمے نے اسے نڈھال کر دیا ہے— وہ اسے خدا حافظ کہہ کر رخصت ہو گئے— ان کا دل بھاری ہو رہا تھا— تھوڑی دیر پہلے تک وہ ہشاش بشاش تھے— اور خانصاحب سے مل کر اپنے اور حُسنہ کے رشتے کی بات کرنا چاہتے تھے— اور اب— اب سارا منظر نامہ تبدیل ہو چکا تھا— خدا جانے حُسنہ کو سنبھلنے میں کتنا وقت لگے—؟

خانصاحب کے چالیسویں تک وہ برابر حویلی جاتے رہے۔ اس کے بعد انہوں نے وہاں جانا بند کر دیا— ابھی تک تو اس حویلی کا سربراہ زندہ تھا اور وہ بے دھڑک

وہاں آتا جاتا تھا — اب اُس کے وہاں جانے کا کوئی جواز نہیں تھا — وہ حویلی کی تنہا رہ جانے والی بیوہ — اور جوان لڑکی کی بدنامی کو بھلا کیسے گوارا کرتے۔ حالانکہ بار بار ان کا دل بغاوت کرتا تھا کہ اس حالت میں اسے تنہا چھوڑنا انسانیت سے بعید ہوگا۔ لیکن ایسی ہمدردی بھی کس کام کی جو ایک مظلوم لڑکی کے لئے پریشانیوں کا سبب بن جائے۔

رمضان میاں نے سرمد سے شکایت کی —

"میاں — آپ نے تو آنا ہی چھوڑ دیا۔ ہم کو بالکل ہی بھول گئے؟" —

"ایسی بات نہیں ہے رمضان میاں — میں نے مصلحتاً حویلی جانا بند کیا ہے —" سرمد نے آہستہ سے کہا —

"جانتا ہوں — لیکن حُسنہ بی بی اور گڈو کو آپ اکیلا کیسے چھوڑ سکتے ہیں؟۔ آپ کے سوا ان کا اور کون ہے؟" —

رمضان میاں کی بات سن کر سرمد نے سر جھکا دیا۔ دھیرے سے کہا۔

"میں کسی وقت آؤں گا۔" —

"جی نہیں۔ آپ ابھی میرے ساتھ چلئے۔۔ بی بی نے بلایا ہے" —

"ایک بات بتاؤ رمضان میاں — خانصاحب کی زندگی میں تو کچھ پوچھنے کی ہمت نہیں پڑی — اب تو وہ بھی نہیں رہے — پھر گھر کا خرچ کیسے چلتا ہے؟" —

" — جی — وہ گاؤں میں کچھ زمینیں بٹائی پر دے رکھی ہے۔ فصل پر اناج آجاتا ہے — اور کچھ پیسہ بھی مل جاتا ہے — اس کے علاوہ حُسنہ بی بی کے سُسر بھی گڈو کی پرورش کے لئے پیسے دیتے ہیں۔ بس —" —

رمضان چپ ہوگئے۔ سرمد ان کے ساتھ حویلی چلے گئے — اس کے بعد وہ دوسرے چوتھے وہاں جانے لگے — انہوں نے غور کیا کہ رفتہ رفتہ بیٹھک کا قیمتی سامان کم ہوتا جارہا ہے — آخر ایک دن انہوں نے رمضان میاں سے پوچھ ہی لیا — اور رمضان میاں کے جواب دینے سے پہلے ہی حُسنہ نے پردے کے پیچھے سے کہا —

"سرمد صاحب! آپ کو شاید معلوم نہیں ہے کہ حویلی کا ایک پچھلا دروازہ بھی

ہے—"—

حُسنہ کے لہجے کا حُزن سرمد سے چھپا نہیں رہا— اور اب اُس سے برداشت نہیں ہوا— اس نے درمیانی پردہ ہٹا دیا— سفید کفن جیسے لباس میں اپنا آپ چھپائے حُسنہ ان کے سامنے تھی— اس نے ایک مرد کے پورے اعتماد سے اس کا ہاتھ تھام کر کہا—

"یہ پچھلا دروازہ اب کبھی نہیں کھُلے گا— میں کل ہی اماں اور ابا کو لینے جا رہا ہوں— اور ہاں میری بچّی انعم بھی اب ہمارے پاس رہے گی— ہم دونوں مل کر اپنے بچّوں کی پرورش کریں گے— تمہیں کوئی اعتراض تو نہیں ہے"—

حُسنہ نے نفی میں سر ہلا دیا۔ رمضان میاں انگوچھے سے اپنی آنکھیں صاف کر رہے تھے— حُسنہ شرمائی سی— سر جھکائے کھڑی تھی— یہ ان کی خوش نصیبی تھی کہ حُسنہ جیسی حسین لڑکی نے ان کا رشتہ قبول کر لیا تھا— اور پچھلا دروازہ بند ہوتے ہی ان کے اوپر خوش نصیبی کے سیکڑوں دروازے کھُل گئے تھے—

☆☆

فرصت کے رات دن

ملازمت سرکاری ہو یا پرائیوٹ، پابندی تو ہر حال میں کرنا پڑتی ہے۔

شرما جی اکیس سال کی عمر سے ملازمت کر رہے تھے — انہوں نے کلرک کی حیثیت سے کام کرنا شروع کیا تھا۔ ترقی ملنے کے بعد وہ اب سرپنٹنڈنٹ ہو گئے تھے۔ ایک کُرسی سے دوسری اور دوسری سے تیسری کرسی تک پہنچنے میں انہیں برسوں لگ گئے تھے — حتیٰ کہ ان کے ریٹائرمنٹ کا وقت قریب آ گیا —

انٹر پاس کرتے ہی انہیں کلرکی کرنا پڑی تھی — اعلیٰ تعلیم حاصل کرنے اور اونچا عہدہ پانے کا خواب، پتا جی کی اچانک موت کی وجہ سے شرمندہ تعبیر نہ ہو سکا۔ دو بہنوں کی شادی اور بھائی کی تعلیم کے فرائض ادا کرتے ہوئے عُمر کا سُنہرا دور کب اور کیسے بیت گیا انہیں پتہ ہی نہ چلا۔ ایسے میں اپنی شادی کا خیال بھی نہیں آیا۔ وہ تو جب بھائی نے جونیئر انجینئر ہوتے ہی اپنا بیاہ کر کے الگ گھر بسا لیا اور صبح و شام اپنے لئے دو روٹیوں کا انتظام کرنے میں انہیں مشکل پیش آنے لگی تو یار دوستوں کے سمجھانے کے بعد انہوں نے شادی کر لی۔

مالتی غریب گھر کی کم پڑھی لکھی لڑکی تھی۔ لیکن اونچے خواب لے کر آئی تھی۔ شوہر کی کم مائیگی کی وجہ سے اس کے خواب تو کیا پورے ہوتے۔ شکایتوں کے دفتر البتہ ہر وقت کھلے رہتے تھے۔ حالانکہ اس وقت تک وہ ترقی پا کر ہیڈ کلرک ہو گئے تھے — تنخواہ بڑھی تو مہنگائی بھی بڑھ گئی یوں آمدنی، اور خرچ کا توازن ہمیشہ بگڑا ہی رہا — اوپر تلے کے تین بچوں

کی آمد نے رہی سہی کسر بھی پوری کردی۔ وہ جو کبھی کبھار دوستوں میں بیٹھ کر ایک آدھ بازی تاش کھیل لیتے تھے یا گپیں مار لیتے تھے—اس سے بھی ہاتھ دھونا پڑے۔ ملازمت اور گھریلو ذمے داریوں سے سر اٹھانے کی فرصت نہیں ملتی تھی——

فنڈ سے قرض لے کر جیسے تیسے بیٹی کا بیاہ کر دیا—دونوں بیٹوں کو بی اے کرا کے نوکری سے بھی لگوا دیا۔ ان کے ریٹائر ہونے کا وقت قریب آیا تو بیٹے خود باپ بن چکے تھے— یہ بھی اچھا تھا کہ بیٹوں کی ملازمت اسی شہر میں تھی۔ اور ان کے کہیں اور گرہستی بسانے کا اندیشہ نہیں تھا۔ بہوؤں کے آنے کے بعد مالتی آرام سے کھاٹ پر بیٹھ کر حکم چلاتی تھی—شرما جی نے سوچا کہ وہ بھی ریٹائر ہونے کے بعد چین کی بنسی بجائیں گے۔ اپنی نیند سوئیں گے اور اپنی مرضی سے جاگیں گے۔ گُم شدہ دوستوں کو تلاش کر کے بے فکری سے محفلیں سجائیں گے۔ جیون کے وہ سارے سُکھ حاصل کریں گے جن پر ان کا بھی حق تھا۔ لیکن کولھو کا بَیل بنے رہ کر وہ کوئی سُکھ نہ حاصل کر سکے۔ فرصت کے رات اور دن ان کے اپنے ہوں گے۔ اور وہ دن بھی آخر آ ہی گیا۔ وہ ریٹائر ہو گئے۔

آج انہیں آفس نہیں جانا تھا۔ سکون کی نیند کیا ہوتی ہے یہ انہوں نے پہلی بار جانا تھا— آنکھ کھلی تو یاد آیا کہ وہ کسی کے ملازم نہیں ہیں۔ دل ایک دم پھول کی مانند کھِل اُٹھا— وہ بستر پر لیٹے لیٹے اپنے پروگرام کے بارے میں سوچتے رہے۔ ''سب سے پہلے رمیش کو پکڑیں گے۔ پھر آغا کے گھر جائیں گے— لیکن آغا کے گھر جانے سے پہلے تاش کی نئی گڈّی ضرور خریدیں گے۔ اور اگر موڈ بنا تو ایک آدھ بازی بھی کھیلیں گے۔ اور—

''اے جی—! کیا آج سارا دن پلنگ توڑتے رہو گے؟'' مالتی نے دروازہ میں منہ ڈال کر کہا۔ انہیں مالتی کی آواز ہمیشہ سے زیادہ کرخت اور بُری لگی۔ جل کر کہا۔ ''شاید تم بھول گئیں کہ آج مجھے آفس نہیں جانا ہے''

''لو یہ بھی بھلا کوئی بھولنے کی بات ہے''—

مالتی نے تمسخرانہ انداز میں کہا۔ شاید وہ مسکرائی بھی ہو۔ لیکن انہوں نے گردن موڑ کر اس کی صورت دیکھنے کی کوشش نہیں کی— اور سچ تو یہ تھا کہ وہ اس کی شکل پر لعنت بھیج

کر کبھی کے آزاد ہو گئے ہوتے اگر یہ بچے نہ پیدا ہو جاتے۔ آرام سے بولے۔

''میرا ابھی اُٹھنے کا کوئی ارادہ نہیں ہے''۔

دل میں کہا— ''اپنی منحوس صورت گم کرو''—

''ذرا گھڑی دیکھو۔ سوا آٹھ بجے ہیں''—

''بجنے دو''— لہجہ اور بھی باغیانہ ہو گیا۔ یعنی پہلی بار شرما جی نے بھی لاپرواہی سے جواب دیا۔

''یوں ہی بجنے دوں— '' دیر ہو جائے گی تو ننھے کے ہاں دودھ ختم ہو جائے گا'' بیوی نے اطلاع دی۔ روز دُودھ کیسے آتا تھا؟''— جل کر پوچھا—

''وہ مرا بھوندو بالٹا لے کر آتا تھا— اور پانی میں دودھ ملا کر ناپ جاتا تھا— میں نے اس کا حساب کر دیا ہے۔ اب آپ ننھے کے ہاں سے سامنے دودھ دُہا کر لایا کریں کم از کم بچوں کو خالص دودھ تو ملا کرے گا۔

پتنی نے بچوں کا نام لے کر انہیں بلیک میل کیا تو وہ بادل نخواستہ بستر چھوڑنے پر تیار ہوئے اور اُلٹا سیدھا ہاتھ منہ دھو کر دودھ لینے چلے گئے—

ایک کپ گرما گرم چائے پی کر سوچا کہ سامنے والے پارک میں ذرا دیر تازہ ہوا کھائیں گے۔ واپس آ کر غُسل کریں گے۔ اور اخبار پڑھتے ہوئے ناشتہ کریں گے۔ بلکہ اطمینان سے پورا اخبار پڑھیں گے۔ روز تو جلدی جلدی اخبار کی سُرخیوں پر نظر ڈال کر آفس بھاگنا پڑتا تھا۔ شام تک اخبار کی خبریں باسی ہو جاتی تھیں۔ کیونکہ ٹی۔ وی پر تازہ خبریں اور خبروں سے زیادہ، بریکنگ نیوز، آنے لگتی تھیں— حالانکہ انہیں ٹی۔ وی کے سامنے بیٹھنے کا موقع نہیں ملتا تھا— بچے اپنے پسندیدہ کارٹون دیکھنے کے لئے آپس میں مار کٹائی کرنے لگتے تھے— ابھی وہ پروگرام کو ترتیب دینے بھی نہ پائے تھے کہ مالتی نے تھیلا اور پیسے ان کے سامنے رکھ دیئے۔

''اس کا کیا کرنا ہے؟''—

وہ یہ تھیلا پہلی بار دیکھ رہے تھے— اس لئے اس کا مصرف ان کی سمجھ میں نہیں

آیا۔ مالتی نے فوراً ان کی اُلجھن دور کردی—

''ذرا سامنے والی مارکیٹ سے سبزی لے آیئے۔ دروازہ پر جو ٹھیلے والے آتے ہیں۔ وہ باسی سبزی دوگنے تین گنے داموں پر دے جاتے ہیں۔ ساتھ والے تیواری جی بتا رہے تھے کہ وہ روزانہ مارکیٹ سے تازہ سبزی لاتے ہیں دام بھی مناسب ہوتے ہیں اور چیز بھی اچھی ملتی ہے''۔

پتنی نے بڑے آرام سے فائدے گنوائے۔

شرما جی کے دو گھنٹے سبزی مارکیٹ میں ضائع ہوگئے۔ لیکن پتنی کی چک چک سے نجات مل گئی۔ وہ برآمدہ میں بیٹھ کر اخبار پڑھنے لگے۔ جھاڑو پوچھا کرنے والی ماسی نے پہلے تو انہیں حیرت سے دیکھا۔ جیسے آج سے پہلے اس نے ایسا عجوبہ کبھی نہ دیکھا ہو— پھر بڑی ناگواری— بلکہ بیزاری سے بولی۔

''صاحب جی! کہیں اور جاکر بیٹھیے۔ ہمیں کام کرنا ہے''—

ناچار وہ اخبار لے کر اپنے کمرہ میں چلے گئے۔ ان کے کمرہ میں ایک پرانی اور خستہ حال آرام کرسی برسوں سے پڑی تھی۔ کبھی اس کے استعمال کی نوبت ہی نہیں آئی تھی۔ بلکہ کئی بار تو انہوں نے یہ بھی سوچا تھا کہ آخر اس کی یہاں کیا ضرورت کیا ہے؟ اس وقت وہ اسی پر نیم دراز ہوکر اخبار پڑھنے لگے۔ دل میں کہا—

''یہ تو بڑے کام کی چیز ہے۔ ایک ہی وقت میں لیٹنے اور بیٹھنے کا مزہ دیتی ہے''۔

''اخبار پڑھ لیا ہو تو کچھ کام ہی کر لیجئے—''

مالتی کی بات سن کر جی چاہا پوچھیں کہ صبح سے اب تک جو کچھ کیا وہ کام نہیں تو اور کیا تھا؟— لیکن اس جاہل بے وقوف عورت کے مُنہ لگنا بے کار تھا— شاید پہلی بار انہیں پتنی کی بے وقوفی اور جہالت کا ادراک ہوا تھا۔ آج سے پہلے انہیں اس کے متعلق سوچنے کا موقع ہی نہیں ملا تھا۔ بس کسی طرح نشتم پشتم گاڑی چل رہی تھی۔

ان کے سوال کرنے سے پہلے اس نے ایک لمبی لسٹ انہیں تھما دی۔ اور بڑے نوٹوں سے ان کے چہرے پر ہوا کر کے کہنے لگی—

''بڑے بازار سے مہینے کا راشن لے آیئے — گھر میں سامان ختم ہو گیا ہے۔''

''اب سے پہلے کون راشن لاتا تھا؟''—

شرما جی سخت جز بز ہوئے — جب سے لڑکے بڑے ہوئے تھے یہ کام وہ کرتے تھے —

''ستیش آفس جاتے ہوئے لالہ کو سامان کی لسٹ دے دیتا تھا — اور واپسی میں وہی راشن کے کارٹون لے آتا تھا۔ کبھی اسے فرصت نہ ملتی تو لالہ اپنے نوکر کے ہاتھ سامان بھجوا دیتا تھا۔ دس بیس روپے وہ بھی چائے پانی کے نام سے لے مرتا تھا — اب آپ گھر میں ہیں تو اس سارے دردِسر کی ضرورت نہیں ہے''—

مالتی کا اطمینان قابلِ دید تھا —

''ٹھیک ہے'' شرما جی نے مری مری آواز میں کہا۔ انکار کی صورت میں انہیں مفت کی روٹیاں توڑنے کا طعنہ بھی مل سکتا تھا — مالتی کی زبان درازی سے کچھ بھی بعید نہیں تھا — '' ——— اور ہاں۔ یہ نہ ہو کہ لالہ کے نوکر اپنی مرضی سے الٹا سیدھا سامان پیک کر کے موٹی رقم کا بل آپ کو تھما دیں۔ ایک ایک چیز دیکھ بھال کر لیجئے گا۔''

''پچھلی بار بادام کڑوے دے دیئے تھے اور چینی کا ہے کو تھی — بُرادہ تھا۔ ستیش کی تو مجبوری تھی کہ اسے اتنا ٹائم نہیں ملتا تھا — لیکن آپ تو —''

اپنی فرصت، کا طعنہ سننے سے پہلے ہی وہ سامان کی لسٹ اور پیسے لے کر باہر نکل گئے۔

جب سے یہ بڑے بازار اور سُپر مارکیٹس وجود میں آئی ہیں بے چارے گاہکوں کی شامت آ گئی ہے۔ خوبصورتی سے شوکیس میں سجے ہوئے پیکٹ اور ڈبے دل لبھانے سے زیادہ دل جلانے کا کام کرتے ہیں دوکاندار ایسے شاطر ہوتے ہیں کہ بیک وقت درجن بھر گاہکوں کو پھنسا لیتے ہیں۔ ہر گاہک کی ٹوکری میں دو — دو — چار — چار پیکٹ ڈالتے جاتے ہیں۔ نہ سامان پورا ہوتا ہے۔ نہ گاہک کو نجات ملتی ہے اور دوکاندار مسکرا۔ مسکرا کر ایسے پر چاتا ہے جیسے بس وہ اسی گاہک کا آڈر پورا کرنے میں مصروف ہے۔

ڈھائی گھنٹے کے بعد شرما جی آٹو رکشہ پر بھاری بھاری کارٹون رکھوا کر گھر آئے تو مارے تھکن کے برا حال تھا کھانا کھائے بغیر وہ بے سُدھ لیٹ گئے۔

مالتی نے سرسری طور پر کھانے کے لئے پوچھا تو انہوں نے جل کر کہہ دیا ''بھوک نہیں ہے''— اس نے بھی اصرار نہیں کیا— اور کارٹون کھول کر بیٹھ گئی۔ کبھی ایک پیکٹ اٹھا کر دیکھتی— کبھی دوسرا— اس کے ماتھے کی سلوٹیں ایک پَل کے لئے دور نہیں ہو رہی تھیں—

ذرا دیر آرام کرنے کے بعد شرما جی نے سوچا کہ دو چار نوالے زہر مار کرلیں۔ پاؤں میں چپلیں ڈالی ہی تھیں کہ بہو نے اندر جھانکا—

''کیا بات ہے بہو؟''— بڑی سہولت سے پوچھا—

''پتا جی! وہ بلو کو اسکول سے لانا ہے''—

بہو نے آہستہ سے کہا۔ وہ مارے مروّت کے یہ بھی نہ پوچھ سکے کہ روز بلو کو کون لاتا لے جاتا تھا۔ بہو نے خود ہی ان کی مشکل آسان کر دی۔

''سویرے تو میں یا ماتا جی اسے اسکول چھوڑ آتے ہیں۔ واپسی میں 'وہ' لے آتے ہیں۔ لیکن 'انہیں' آفس سے لوٹنے میں دیر ہو جاتی ہے۔ بے چارہ بچّہ بھوکا، پیاسا ہلکان ہوتا ہے''—

بہو اپنی بات ختم کر کے چلی گئی— شرما جی نے جوتے پہنے اور بلو کو اسکول سے لینے چلے گئے۔

غنیمت تھا کہ اسکول زیادہ دور نہیں تھا۔

رات کا کھانا ان کے ہاں جلدی کھا لیا جاتا تھا۔ شام کی چائے پر ناشتہ کا اہتمام نہیں ہوتا تھا— شرما جی کھانا کھا کر باسی خبریں پڑھنے کی تیاری کر رہے تھے کہ دونوں بچے اپنا اپنا بیگ لے کر آ گئے۔ نیہا نے لاڈ سے کہا۔

''دادا جی! کل ہمارا ٹیسٹ ہے میتھ کا''—

بلو کیوں پیچھے رہتا۔ اس نے بھی انگریزی کی کتاب ان کے سامنے رکھ دی—

منمنا کر بولا—

''داداجی! مِس نے کہا ہے کہ کل وہ ڈکٹیشن لیں گی''

شرماجی سونے کے لئے بستر پر لیٹے تو ان کے بدن کا جوڑ— جوڑ دکھ رہا تھا— اوروہ سوچ رہے تھے—

''اس بے گار سے تو اچھا تھا کہ وہ ریٹائر ہی نہ ہوتے سچ تو یہ تھا کہ آج تک وہ ملازمت کے نام پر عیاشی ہی کرتے رہے تھے — انہوں نے فیصلہ کیا کہ وہ جلد ہی کوئی نوکری تلاش کریں گے— آخر کتنے ہی ریٹائرڈ لوگ کام کرتے ہیں۔ وہ بھی کریں گے۔ کم ازکم اس بیگار سے تو نجات ملے گی اور پھر ہر وقت بے کاری کا طعنہ باز آئے ایسی فرصت سے شرماجی نے آنکھیں بند کرلیں اور ملازمت تلاش کرنے کا پروگرام فائنل ہوگیا۔

☆☆

بند گلی کا آخری مکان

نخاس کی تنگ اور اندھیری گلی یکا یک تیز دودھیا روشنی سے نہا گئی۔ پھر ایک ایک کر کے پچاسوں گیس کے ہنڈے سڑک پر آتے گئے۔ اور ہنڈے اٹھانے والے خستہ حال مزدور ہرے رنگ کی کفنیوں اور سیاہ چست پاجاموں میں ملبوس — سڑک کے دو رویہ ترتیب سے قطار بنا کر کھڑے ہوتے گئے۔ اور ان کے بعد نو دس لڑکوں کا ایک مختصر سا جلوس گلی سے برآمد ہوا۔ لڑکے علم مبارک کے گرد حلقہ بنائے نوحہ خوانی کر رہے تھے۔ علم کا نقرئی پنجہ بجلی کے کھمبوں کے برابر بلند تھا۔ جھل جھل کرتا کار چوبی پٹکا پھولوں کے خوبصورت سہرے سے اس طرح سجا ہوا تھا کہ پھولوں کی لڑیاں زمین سے بس ایک آدھ فٹ ہی اونچی تھیں۔ پھر یہ جلوس عوام کی چہل پہل سے آنکھیں چرائے۔ ان کی بے حسی پر گریہ کناں آگے بڑھ گیا۔ اس کے عقب میں وہ تنگ گلی پھر سنسان اور تاریک ہو گئی — اور پھر بند گلی کا وہ آخری مکان بھی اندھیروں اور سناٹوں میں ڈوب گیا۔ جس کے ایک کمرے میں فرزانہ بیٹھی — سِسک سِسک کر رو رہی تھی۔ اور اس کے قریب بیٹھے ہوئے دو کم عمر اور بھولے بھالے بچے حیرت سے اس کو روتے ہوئے دیکھ رہے تھے۔

یہ اس گھر سے نکلنے والا محرّم کا آخری جلوس تھا — اور فرزانہ آخری نوحہ خواں —

گلی کے آخری سرے پر بنا ہوا یہ عالی شان مکان کبھی بے حد مشہور اور مقبول تھا۔ امیروں اور رئیسوں کی پالکیاں — اور ہوادار دن کے اُجالوں اور رات کی تاریکیوں میں پورے کرّ و فر سے آکر دروازے پر لگتے تھے۔ اور امراء و رؤساء پوری آن و بان سے مخملیں

مسندوں اور ایران قالینوں پر جلوہ افروز ہوتے۔ ان کی اطلس اور زربفت کی شیروانیوں میں سونے کے جڑاؤ بٹن جگمگاتے — بڑی سی جیبی گھڑی کی طلائی زنجیر بٹن سے ہک کے سہارے لٹکتی ہوتی۔ انگلیوں میں قیمتی پتھروں والی۔ انگوٹھیاں اور آرسیاں ان کی شان اور امارت کے قصیدے سناتیں طلائی یا نقرئی مُوٹھ والی سُبک سی چھڑی سہارے کے لئے نہیں۔ زیبائش کے لئے بھاری پنجے میں دبی رہتی۔ بنارسی صافوں اور ترچھی ٹوپیوں سے سجے ہوئے پُرنخوت سروں کی ایک ہلکی سی جنبش پر دل افروز کے سامنے روپیوں کے ڈھیر لگ جاتے اور اس کی زمانہ شناس ماں ترچھی نظروں سے روپیوں کے ڈھیر کو آنک کر ایک آسودہ سی سانس لے کر مسکرانے لگتی — کہ جاتی بہاروں کی خزاں آلودشامیں اور اُجاڑ دن بھی کچھ ایسے بُرے نہیں تھے۔ ہاتھی لاکھ لٹئے۔ پھر بھی سوالاکھ ٹکے کا تو ہوتا ہی ہے۔ ریاستیں ختم ہوئیں۔ رئیسی ٹھاٹ باٹ بھی بیتے دنوں کا قِصّہ بن گئے۔ لیکن رئیسی مزاج اور طنطنہ اب بھی ویسا ہی تھا۔ اور اس کے گھر آنے والے اپنی وضع داری پر کوئی آنچ نہیں آنے دیتے تھے۔

اس مکان میں دل افروز کی وہی حیثیت تھی جو انگوٹھی میں جڑے ہوئے ننھے ننھے نگوں کے درمیان جگمگاتے ہوئے قیمتی پتّھر کی ہوتی ہے — بے حد خوبصورت — بے حد قیمتی اور بے حد نمایاں دل افروز کو خدا نے حُسنِ صورت کے ساتھ حُسنِ سیرت سے بھی نوازا تھا — نفاست، شائستگی اور ذہانت کا یہ جیتا جاگتا مجسّمہ جب محفل میں فتنے جگاتا تو اچھے اچّھوں کے ہوش اڑ جاتے، فنِ رقص میں وہ استاد بندے علی خاں اور موسیقی میں بنّے میاں کی شاگرد تھی استادوں کا کلام جب اس کے نورانی گلے سے سُر اور آواز کا سنگم بن کر نکلتا — تو غزل کے معنی اور مفہوم ہی بدل جاتے دادرا، ٹھمری، کجری، گیت اور بھجن اس کی پُرسوز آواز میں فن کی بلندیوں کو چھو لیتے۔ کہنے والے تو یہاں تک کہتے تھے کہ وہ کسی بڑے رئیس کی اولاد ہے۔ لیکن فقیر کے کشکول اور رنڈی کی کوکھ کا بھلا کیا پتہ؟ — سو وہ بھی بس اپنی ماں کی بیٹی تھی — ویسے راجہ چمن پور دل افروز کو اولاد ہی کی طرح چاہتے تھے — اس کی ماں راجہ صاحب کی باقاعدہ ملازم تھی۔ اور وہ لوگ مہینوں ان کے علاقے پر گزارتے تھے — راجہ صاحب نے دینا چھوڑی تو دل افروز جوان ہو چکی تھی۔ سچ ہے — اللہ ایک در بند کرتا

ہے تو سو در کھولتا ہے۔۔۔ دل افروز کے ذریعے آنے والی دولت راجہ صاحب کی نوازشوں سے دس گنا زیادہ تھی۔۔۔ شاید اس کا سبب دل افروز کا وہ رکھ رکھاؤ بھی تھا جو امیروں اور رئیسوں کو ایک خاص فاصلے پر رکھتا تھا۔۔۔ وہ عام طور پر سے محفلوں میں ناچتی گاتی بھی نہیں تھی۔۔۔ آنے والے خود ہی اس کی محفل کو رونق بخشتے تھے۔۔۔ اور جیبیں خالی کر کے چلے جاتے۔۔۔

اس نگوڑے دل کے آنے کے بھی ڈھنگ نرالے ہوتے ہیں دل افروز بھی ماں کے سکھائے سارے سبق اور گر بھول کر ایک مُفلس ٹیچر کو دل دے بیٹھی جو اسے اردو، فارسی پڑھانے آتا تھا میر و غالب، سعدی اور شیرازی کا کلام دل افروز کے قلب و ذہن پر سحر بن کر چھا گیا۔ اور ٹیچر وہ جادوگر ثابت ہوا جس نے اس کو اس کی ساری اداؤں اور عنایتوں سمیت اپنے دل میں قید کرلیا۔

اس گھاٹے کے سودے میں دل افروز کو اپنے عاشق، بلکہ معشوق سے بس یہی تحفہ ملا تھا۔ ننھی منّی گڑیا جیسی بیٹی فرزانہ۔۔۔ اور اس کی ماں نے بھی اپنی خفگی بھول کر شاہ مینا صاحب کے مزار پر چادر چڑھائی کہ بیٹی کی آمد سے کچھ تو آئندہ کا سہارا ہوا۔۔۔ ورنہ اس قلاش ٹیچر نے تو اس کی بھولی بھالی بیٹی کو کہیں کا نہیں رکھا تھا۔

دل افروز نے فرزانہ کی پرورش پر خاص توجہ دی اور زمانے کے تقاضوں کے مطابق اسے انگریزی بھی پڑھائی۔ وقت بڑی تیزی سے بدل رہا تھا۔۔۔ رئیسوں کے ٹھاٹ باٹ ختم ہو رہے تھے۔ دل افروز بھی سن سے اتر چکی تھی۔۔۔ جمع جتھا دولت کبھی کی ختم ہو چکی تھی۔ اور اب تو ہر دو تین ماہ کے بعد اس کا کوئی زیور لالہ مدن لال کے آہنی سیف میں پہنچ جاتا تھا۔۔۔ اور جب فرزانہ سن شعور کو پہنچی تو لوگ اس سہ منزلہ مکان کی رنگین داستانیں تقریباً بھول چکے تھے۔۔۔ چوک اور نخاس میں بازاروں کے رُخ کھُلنے والے دروازوں پر موٹے موٹے پردے اور چقیں پڑ گئی تھیں۔ اور پچھواڑے کے دروازوں سے آنے والوں میں چھوٹے بڑے۔۔۔ امیر و غریب اور شریف و رذیل کا امتیاز باقی نہیں رہا تھا۔۔۔ وہ تو اچھا ہی تھا کہ دل افروز کے گھر میں پچھواڑے کوئی دروازہ نہیں تھا۔۔۔ اور گلی اس کے مکان پر ختم

ہو جاتی تھی—— ورنہ شاید اسے بھی ہر کس و ناکس کی جیب میں کھنکھناتے ہوئے سِکّوں کی جھنکار سننا پڑتی۔

دل افروز وقت کی تبدیلیوں کا مشاہدہ بڑی باریک بینی سے کر رہی تھی—— تاکہ اپنی بیٹی فرزانہ کے لئے نئی راہوں کا انتخاب کر سکے۔ وہ اپنی بیٹی کے لئے گزرا زمانہ تو لوٹا نہیں سکتی تھی۔ لیکن اسے نئے زمانے کے ساتھ قدم سے قدم ملا کر چلنا ضرور سکھا سکتی تھی۔ اب جبکہ ڈیرے دار طوائفوں اور جسم کا سودا کرنے والیوں میں کوئی فرق نہیں رہا تھا—— وہ فرزانہ کو اس زندگی اور ماحول سے دور رکھنا چاہتی تھی تاکہ بند گلی کے اس مکان میں تازہ ہوائیں آسکیں۔ اور بند کھڑکیوں کی گھٹن دور ہو سکے۔

خاموش فلموں کے بعد بولتی فلموں کا زمانہ شروع ہوا تو آگرہ، بنارس اور دلّی کی ایک سے ایک نامی طوائف قسمت آزمانے کے لئے بمبئی پہنچ گئی۔ گوہر بائی۔ جدّن بائی، وسیم بانو، شہزادی سب سینما کے پردے پر جگمگانے لگیں۔ ان دنوں ایک طرح سے فلمی دنیا پر ان طوائفوں ہی کی حکومت تھی۔ پھر حکومت بھی کیسی کہ عزّت، دولت اور شہرت ان کے قدم چومتی تھی—— اور ان کی شہرت بازاروں سے نکل کر ہوٹلوں، کلبوں، اسکول—— اور کالجوں تک پھل پھول رہی تھی—— جو شریف زادیاں ان کا نام تک سُننا گوارا نہیں کرتی تھیں—— اب بڑے شوق سے ان کا ذکر کرتی تھیں۔ اور دوڑ، دوڑ کر ان کی فلمیں دیکھتی تھیں۔ ایسی عزّت اور ہر دلعزیزی تو ساری دنیا کے چوک اور نخاس مل کر بھی انہیں نہیں دے سکتے تھے——

فرزانہ اپنی ماں جیسی خوبصورت تو نہیں تھی۔ لیکن پھر بھی تھی تو اسی کی بیٹی۔ اوپر سے نئے زمانے کے فیشن اور کالج کی لڑکیوں جیسی ادائیں—— جیسے خنجر کی دھار—— سان پر رکھ دی جائے—— اس کی چٹک مٹک اور نخروں میں بھی ایسی ہی کاٹ تھی—— پھر ٹیچر باپ جیسا بھولپن۔ جس پر اس کی ماں اپنا آپ تک وار بیٹھی تھی—— اور گھاگ نانی کے کچھ بنائے نہ بنی تھی—— ان سب چیزوں نے مل جُل کر فرزانہ کو بہت کچھ بنا دیا تھا—— جس پر ایک زمانہ فِدا ہو سکتا تھا—— لیکن اس کے لئے کوٹھے نہیں بنگلے کی ضرورت تھی—— اور دل افروز نے اپنا مکان بھائی بھتیجوں کے حوالے کیا اور فرزانہ کو ساتھ لے کر بمبئی پہنچ گئی جو ہُو پر ایک

خوبصورت بنگلہ کرائے پر لے کر گیٹ پر چوکیدار بٹھا دیا تاکہ ہر اُسیرا غیرا۔نتھو خیرا— وقت بے وقت مونہہ اٹھا کر نہ چلا آئے۔ کچھ دن فلمی دنیا میں گھوم پھر کر ہوا کا رخ دیکھا بھالا— اور اس زمانے کے جانے مانے پروڈیوسر منتوشی جی سے فلم کا معاہدہ کرلیا۔منتوشی جی کی بَس ایک ہی شرط تھی کہ بے بی (فرزانہ) ان کی فلم کے علاوہ کسی دوسرے کی فلم میں کام نہیں کرے گی۔کوئی اور ایسی بات کہتا تو دل افروز بے بی کی طرف سے خود اس کے آفر پر لات مار دیتی— لیکن منتوشی جی نہ صرف بڑے پروڈیوسر تھے۔ بلکہ بیوی بچّوں والے اور بہت ہی سنجیدہ انسان تھے— اور باٹلی والا— اور اُمک ڈھمک پروڈیوسروں کی طرح بدنام (یا نیک نام) نہیں تھے—

ان دنوں ہیروئینس— ہیرو کی بہ نسبت پروڈیوسروں اور ڈائریکٹروں کو زیادہ قابل توجہ سمجھتی تھیں۔فلم کے پردے پر تو وہ ہیرو سے ہی محبت کرتی تھیں— لیکن شوٹنگ کے بعد ہیرو صاحب کو ٹاٹا کر کے پروڈیوسر کی 'ہلمین' یا شیورلیٹ میں ہوا ہو جاتی تھیں اور بے چارہ ہیرو اپنے قاعدے سے سنوارے ہوئے بالوں پر ہاتھ پھیرتا— لوکل ٹرین پکڑنے کے لئے پیدل چل دیتا تھا—

منتوشی جی نے فرزانہ کو لے کر کئی کامیاب فلمیں بنائیں— تنہائی، دلربائی، دریچہ، مہنگائی، فردوس وغیرہ نے خوب خوب دھومیں مچائیں— دیکھتے ہی دیکھتے فرزانہ کا نام فلم کے آسمان پر چاند سورج بن کر جگمگانے لگا— ذاتی بنگلہ —بینک بیلنس— گاڑی — سب کچھ ہو گیا— فرزانہ اور دل افروز سال میں پندرہ بیس روز کے لئے بیرونِ ملک ضرور جاتی تھیں۔اور محرّم اپنے گھر پر ہی کرتی تھیں— شہر میں فرزانہ کی آمد کی خبر پھیلتے ہی کالج اور اسکول کی لڑکیاں اس کو دیکھنے کے لئے گھروں سے چھپ چھپا کر آتیں اور اس کے کالے لباس میں چمکتے دمکتے حُسن کو دیکھ کر رشک کرتیں۔غریب لوگ مجلس کے بترک کے لئے ٹوٹ پڑتے اور یوں پہلی محرم سے دس محرم تک فرزانہ کے گھر میں زنانے اور مردانے میں ایسی بھیڑ بھاڑ رہتی کہ گلی سے سڑک تک سرِ ہی سرِ نظر آتے۔

پہلی بار۔ جب فرزانہ کے جسم پر چربی کی تہیں چڑھیں تو وہ شوٹنگ کی ساری

تاریخیں کینسل کر کے ماں کے ساتھ لکھنؤ چلی گئی۔ منتوشی جی تو خود بھی یہی چاہتے تھے کہ فرزانہ ان دنوں بمبئی میں نہ رہے۔ ورنہ بات کھل گئی تو ان کی بیوی آفت کھڑی کردے گی۔ فلمی میگزین الگ باتیں بنائیں گے۔ ویسے تو اس کاجل کی کوٹھری میں سب کے سب ہی کالے تھے ___ پھر بھی اوپر سے عزّت کی سفیدی پھیرنا ضروری تھا ___ پہلے پہل تو دل افروز کچھ گھبرائی ___ لیکن منتوشی جی کے احسان اتنے تھے کہ وہ فرزانہ کو دو چار باتیں سنا کر رہ گئی ___ کچھ مہینوں کے بعد فرزانہ پلنگ پر پاؤں مار کر کھڑی ہوگئی تو پہلے سے زیادہ خوبصورت ہوگئی تھی ___ دل افروز نے بھی تو مالش، مساج، احتیاط، پرہیز، ورزش ہر چیز کا خیال رکھا تھا۔ ورنہ عورت تو پہلی زچگی کے بعد ہی ڈھلے ہوئے آٹے کی طرح تھُل تھُل ہو جاتی ہے۔ لیکن فرزانہ کوئی گھریلو بی بی تو تھی نہیں جوان جھمیلوں میں پڑتی سو اس بار وہ ماں کو گھر پر ہی چھوڑ گئی دل افروز بھی مطمئن تھی کہ 'بے بی' فلمی داؤں پیچ سے اچھی طرح واقف ہو چکی ہے۔ اور اکیلی رہ سکتی ہے۔ اس بار بمبئی جانے کے بعد فرزانہ کو اپنی زندگی میں خلاء کا احساس ہوا۔ اسے ایسا لگا کہ وہ اپنے جسم کا ایک ٹکڑا گھر پر ہی چھوڑ آئی ہے۔ جس ننّھے سے وجود نے اس کی سانسوں کے ساتھ مل کر سانس لی تھی۔ جس کا ننّھا سا دل اس کے ساتھ دھڑکا تھا۔ جو اسی کے وجود کا ایک حصّہ تھا۔ زندہ اور جاندار حصّہ اسے وہ لکھنؤ میں ہی چھوڑ آئی تھی ___ لیکن منتوشی جی نے اسے فلموں کی چمک دمک دکھا کر بہلا دیا۔ اب وہ سال میں کئی چکّر لکھنؤ کے لگانے لگی۔ اس بات پر کئی بار اس کا منتوشی جی سے جھگڑا بھی ہوا لیکن اس کی آواز بنگلے سے باہر نہ جا سکی۔

دوسری بار فرزانہ کو پھر کچھ مہینے گھر پر ہی گزارنا پڑے تو دل افروز ہتّھے سے اُکھڑ گئی ___

"میری مانو تو منتوشی جی سے کہو اب با قاعدہ شادی کرلیں ورنہ ان دو۔ دو لڑکوں کو کس کے کھاتے میں ڈالو گی؟" ___

لڑکی ہوتی تو پھر بھی فکر کی کوئی بات نہیں تھی" ______

"وہ زمانہ اور تھا بیٹا ___ لڑکے اپنی ماں بہنوں کی دلاّلی کرتے تھے، راجوں،

مہاراجوں، امیروں اور رئیسوں سے بے جھجک مول بھاؤ کرتے تھے۔ جس کے بدلے میں وہ زندگی بھر روٹی کپڑے کی فکر سے آزاد رہتے تھے — لیکن اب زمانہ بدل گیا ہے تمہارے لڑکے تمہارا کاروبار نہیں سنبھالیں گے بلکہ اپنے ناجائز ہونے کی بات سن کر ڈوب مریں گے"۔

"میں انہیں مرنے نہیں دوں گی۔ انہیں خوب پڑھاؤں لکھاؤں گی اور اس قابلِ بناؤں گی کہ وہ عزّت سے جی سکیں"" ہُنھ عزّت! وہ بھی رنڈی کی اولاد کی۔ ایکٹریس بن کر تم میں سُرخاب کے پَر نہیں نکل آئے ہیں۔ بلکہ تمہارے لڑکے جہاں جائیں گے تمہاری شہرت ان کی بدنامی کا سبب بنے گی"" پھر میں کیا کروں امّاں —؟ منتوشی جی تو اپنی عزّت کی دہائی دینے لگتے ہیں۔ بیوی بچّوں کا واسطہ دے کر میری زبان بند کر دیتے ہیں" —

ان کا کیا ہے وہ تو فلموں میں دوسری 'بے بی' لے آئیں گے آج کل تو جس کو دیکھو ایک 'بے بی' لئے ان فلم والوں کے آگے پیچھے پھرتا ہے تم اپنی سوچو۔ تمہارا کیا ہوگا؟ "تیس سال کی عمر میں امّاں کا رول کروگی یا ایکسٹرا کے ساتھ ناچوگی"۔

فرزانہ اس بات کا کیا جواب دیتی۔ ماں کوئی غلط بات تو نہیں کہہ رہی تھی —

منتوشی جی کی نئی فلم کا مہورت ہوا تو فرزانہ کے بجائے ایک نئی لڑکی شیریں ان کی فلم کی ہیروئَن تھی۔ یہ پارسی لڑکی نہ صرف اونچے خاندان سے تعلق رکھتی تھی۔ بلکہ کانونٹ کی پڑھی ہوئی تھی ڈھیرے ڈھیرے خاندانی لڑکے اور لڑکیاں بھی ادھر کا رخ کرنے لگے تھے۔ ابھی تو پارسی اور کرسچین ہی فلم میں اپنی جگہ بنا رہے تھے — پارسیوں کے پاس تھیٹر کی سنہری تاریخ تھی — تو کرسچین لڑکیاں بے شرمی میں آگے تھیں۔ لیکن وہ دن بھی دور نہیں تھا جب اچھے خاندان کے بچّے بھی فن کی خدمت کے نام پر فلموں میں کام کرنے کو عزّت کی بات سمجھنے لگیں گے —

فرزانہ نے منتوشی جی سے کوئی احتجاج نہیں کیا۔ وہ جانتی تھی کہ اس سے کوئی فائدہ نہیں ہوگا۔ اُدھر افروز اللہ کے گھر سدھاریں اور بھائی بھتیجوں نے سارا مال تال اڑانا شروع کر دیا۔

فرزانہ اپنا بنگلہ، گاڑی اور سارا سامان بیچ کر لکھنؤ پہنچ گئی۔ وہاں تو دیکھ کر لگتا تھا کہ کسی نے گھر پر جھاڑو ہی پھیر دی ہے — صرف ایک سال میں سب کچھ ختم ہوگیا تھا —

مُفت کا مال اڑانے والے رشتے داروں نے اس کی محنت کی کمائی کو دونوں ہاتھوں سے لُٹایا تھا—پھر پتہ چلا کہ مکان بھی ایک مہاجن کے پاس رہن ہے۔

فرزانہ کا دل بالکل ہی ٹوٹ گیا۔ وہی گھر تھا—وہی گلی اور وہی لوگ—لیکن وقت کتنا بدل چکا تھا—اس بار بھی اس نے دل کھول کر محرّم کیا—لیکن وہ جانتی تھی کہ یہ اس کا آخری محرّم ہے—

بند گلی کے اس مکان سے فرزانہ ماضی، حال اور مستقبل کے سارے تعلّق توڑ چکی تھی۔ جب دل ٹوٹتا ہے تو رشتوں کی ڈور خود بخود کٹ جاتی ہے۔ ایک صبح فرزانہ اپنے دو بیٹوں اور تھوڑے سے سامان کے ساتھ پاکستان ہجرت کر گئی۔ اپنے وطن اور اپنے گھر میں لُٹنے سے اچھا تھا کہ پردیس میں بے نام ونشان جیا اور مرا جائے۔

سیٹھ رب نواز کسی کام کے سلسلے میں دلّی جانے لگے تو فرزانہ بھی ان کے ساتھ چلنے کے لئے ضد کر بیٹھی—لاہور سے دلّی تک کا ہوائی سفر کچھ گھنٹے کا تھا—لیکن فرزانہ کو یہ مختصر سا وقت بھی صدیوں پر محیط محسوس ہوا۔ فرزانہ نے لکھنؤ کا ویزا بھی بنوا لیا تھا۔ اپنے شوہر رب نواز کو دلّی میں چھوڑ کر وہ لکھنؤ چلی گئی۔

نخّاس کا بازار پہلے سے زیادہ بارونق ہو گیا تھا—نئی نئی دوکانوں اور بلڈنگوں کا اضافہ ہو چکا تھا—سنڈیلہ ہاؤس، کالی کوٹھی، دلربا منزل، امین بلڈنگ، اور پھر فرزانہ کی ٹیکسی رک گئی—شاید اس کی منزل آ گئی تھی—

گلی میں داخل ہوتے وقت فرزانہ کے قدم لڑکھڑانے لگے۔ ''وہ یہاں کیا لینے آئی ہے؟''— کس سے ملنے آئی ہے؟'' اس کا یہاں کون ہے؟—''—

وہ ایک دوکان کے پٹرے سے ٹیک لگا کر کھڑی ہو گئی۔

ایک ادھیڑ عمر کا آدمی مٹّی کے تیل کے اسٹوو کی مرمت کر رہا تھا—اس کے دونوں ہاتھ کالے ہو رہے تھے—جھرّیوں دار چہرے پر بھی جگہ جگہ کالے دھبّے لگے تھے۔ گاہک سے کوئی بات کرنے کے لئے اس نے چہرہ اوپر اٹھایا تو فرزانہ چونک اٹھی—

''اُف—یہ تو کرامت ماما ہیں''—

''وہ لمبے چوڑے، چھیل چھبیلے ماما کہاں چلے گئے؟''۔

ایک دم فرزانہ ان کے قریب چلی گئی— برقعے کی نقاب کو برابر کیا اور ان سے مخاطب ہوگئی۔

''آپ کرامت ماما ہیں؟''—

''ہاں—ہاں—میں کرامت ہوں۔ بی بی آپ کو کیا کام ہے؟''

''جی۔ وہ آپ کی کوئی بھانجی ہے پاکستان میں؟''—

فرزانہ کی آنکھیں ڈبڈبا رہی تھیں—

''فرزانہ؟—ہاں—ہے تو—'' وہ الجھے الجھے سے بولے۔

''میں پاکستان سے آئی ہوں۔ فرزانہ کی دوست ہوں۔ اس نے آپ کے لئے کچھ چیزیں بھیجی ہیں—''

اس نے چمڑے کا خوبصورت سا سوٹ کیس ان کے سامنے رکھ دیا—اور پرس سے نوٹوں کی ایک موٹی سی گڈّی نکال کر انہیں تھما دی—

''کرامت ماما— کیا اب بھی یہاں اسی طرح محرّم ہوتا ہے؟''

فرزانہ نے بڑے اشتیاق سے پوچھا۔

''ہاں بی بی۔ سب کچھ ویسا ہی ہے۔ بلکہ پہلے سے بھی بہتر ہے— مگر بہت کچھ بدل بھی گیا ہے''—

''—اور وہ— آپ کا مکان؟''—

''وہ اب ہمارا نہیں رہا—''—

کرامت ماما نے دھیرے سے کہا—

''وہی کیا—اب تو کچھ بھی ہمارا نہیں رہا—''

فرزانہ نے دھیرے سے کہا—اور جانے کے لئے مُڑنے لگی۔

''بی بی—فرزانہ کے دو بیٹے بھی تو تھے؟۔ کس حال میں ہیں؟''—

''دو نہیں—چار بیٹے ہیں—چاروں اچھی نوکریوں پر ہیں—''

یہ کہہ کر فرزانہ جلدی جلدی قدم بڑھا کر سڑک پر آ گئی—

رات کی گاڑی سے اسے دلّی جانا تھا—اور درمیان کا یہ وقت وہ اسٹیشن پر ویٹنگ روم میں گزارنا چاہتی تھی—اس بند گلی کی ساری گھٹن اس کے وجود میں سما گئی تھی۔ وقت دو موتہا سانپ بنا کبھی آگے— کبھی پیچھے بھاگ رہا تھا—اور وہ دونوں طرف سے ڈسی جا رہی تھی—وقت کا سارا زہر اس کے روم روم میں سرائیت کر گیا تھا— لیکن——ابھی موت بہت دور تھی——

☆☆

ہمیں جینے دو

اسپتال کے پچھواڑے بنے ہوئے بڑے سے حوض میں کوڑے کرکٹ کا انبار لگا تھا۔ٹوٹی ہوئی بوتلوں، خون آلود پٹیوں اور کٹے ہوئے پلاسٹر کے خولوں کے ڈھیر میں ننھے — منے آدھے ادھورے جسم بھی پڑے تھے— یہ بے جان گوشت کے لوتھڑے — دنیا والوں کی بے رحمی اور سفاکی کی داستان سنا رہے تھے۔ پھولے ہوئے پپوٹوں تلے بند آنکھوں نے دنیا کا نظارہ کرنے سے پہلے ہی اپنی جوت کھودی تھی— پنکھڑی جیسے لبوں پر ابھی زندگی کی اوّلین مسکراہٹ بھی نہیں کھیلی تھی کہ انہیں موت کے بے رحم ہاتھوں نے ہمیشہ کے لئے بند کردیا تھا—اوران کی پہلی چیخ کو باہر آنے سے پہلے ہی دبا دیا گیا تھا۔ننھے ننھے ہاتھ پاؤں، اکڑی ہوئی گردن، مسخ چہرے، نامکمل پیکر خدا کی مخلوق ہونے کا دعوہ کیسے کرتے؟ وہ تو کوڑے کے ڈھیر میں تمام ناکارہ اور نا قابلِ استعمال چیزوں کے بیچ میں پھینک دیئے گئے تھے۔اوراپنے ہونے کا غم منا رہے تھے۔

ایک ننھے سے ہاتھ نے اپنے قریب پڑے ہوئے جسم کو چھو کر محسوس کیا۔

''تم کب یہاں آئے؟'' اس نے سوال کیا—

''آج ہی آیا ہوں'' دوسرے جسم نے جواب دیا—

''میں تو کئی دن سے یہاں ہوں—اب تو میرا جسم بھی بد بو دینے لگا ہے''—

''تم کیسے یہاں آگئے—لو پہلے میں ہی بتائے دیتا ہوں کہ میں کیسے آگیا۔یوں تو میرے—بلکہ ہم سب کے پیدا ہونے میں ہماری خواہشوں کا دخل نہیں ہوتا—لیکن پھر

بھی ایک طرح کی خوشی کا احساس ہوتا ہے۔ دنیا میں آنے کی مسرّت — ایک اُلوہی لذت، ایک نیا تجربہ لیکن میرے باپ کو میری ضرورت نہیں تھی۔ اس پر تو دولت کمانے کی دھن سوار تھی۔ اونچا اسٹیٹس — اور پوزیشن حاصل کرنے کا لالچ تھا — جو اسے میری ماں ہی دلا سکتی تھی اور بچوں والی عورت اسے یہ سب نہیں دے سکتی تھی۔ اس لئے اس نے دھوکے سے میری ماں کا ابارشن کرا دیا اب وہ بڑی آسانی سے امپورٹ، اکسپورٹ کا لائسنس حاصل کر سکتا ہے اور راتوں رات اپنا بینک بیلنس بڑھا سکتا ہے۔ میری ماں کو جب اس راکھشس کے ظلم کا پتہ چلا ہوگا تو اس نے رو۔ رو کر اپنا برا حال کر لیا ہوگا — میں آج بھی اس کے محبت بھرے ہاتھوں کا لمس محسوس کر رہا ہوں۔ وہ جب کام کاج سے فرصت پا کر سونے کے لئے لیٹتی تھی تو بڑے پیار سے آہستہ آہستہ پیٹ پر ہاتھ پھیر کر مجھے محسوس کرتی تھی۔ میں اس کا اتنا پیار پا کر نہال ہو جاتا تھا — میں بھی گھوم، گھوم کر اسے اپنے ہونے کا یقین دلاتا تھا — ہم ماں بیٹے اس کھیل سے خوب لطف اٹھاتے تھے — لیکن اس وحشی اور ظالم انسان نے میری ماں کی خوشیوں کا گلا گھونٹ دیا" —

بچہ سسکنے لگا تو اس کے قریب پڑا ہوا ٹیڑھا میڑھا جسم اس کے نزدیک سرک آیا، اور ہمدردی سے بولا — "

"مت رو بھائی! تم باپ کی بے رحمی کا رونا رو رہے ہو — میں اپنی ماں کے ہاتھوں قتل ہوا ہوں — کیا پہلے بھی کبھی ایسا سُنا تھا کہ ایک ماں نے اپنے بچے کو اپنے ہی ہاتھوں سے قتل کر دیا ہو —؟ مگر میری ماں نے یہ کارنامہ کر دکھایا — سوچو، وہ کیسی ڈائن ہوگی — اسے تو ماں کہنا ہی اس پاک رشتے پر کلنک لگانا ہے"

"کوئی پریم وریم کا چکر تو نہیں تھا، اور اس چکر میں تم دِن نکلائے ہی قبل از وقت تو نہیں آ گئے تھے —؟"

"نہیں بھئی ایسی کوئی بات نہیں تھی — میرے ماں باپ کا بیاہ تو اتنی دھوم دھام سے ہوا تھا کہ کئی مہینے تک شہر میں اس کا چرچا رہا تھا — دونوں ہی خاندانی لکھ پتی تھے — پورے چھ مہینے تک تو بیاہتا جوڑے کا ہنی مون' چلتا رہا۔ آدھی دنیا گھوم آئے دونوں — لیکن

اس ہنی مون کا سارا مزہ کر کرا ہو گیا — جب گھر آتے ہی ماں کو متلی اور چکر نے پریشان کر دیا۔ وہ ماڈرن عورت بہت جز بز ہوئی۔ اس کو دنیا میں ہر چیز سے زیادہ خود سے پیار تھا — اس کو ہر دم اپنی 'فیگر' کا خیال رہتا تھا — ہفتے میں صرف ایک بار کھانا کھاتی تھی۔ ورنہ جوس دہی — اور پھلوں پر گزارا کرتی تھی — ہیلتھ کلب اور بیوٹی پارلر میں اس کا وقت زیادہ گزرتا تھا۔ وہ ایک لمبے عرصے تک خوبصورت اور جوان رہنا چاہتی تھی — جبکہ آنے والا بچہ — یعنی میں اس کی جوانی اور خوبصورتی کا دشمن تھا۔ روز ماں باپ میں جھگڑا ہوتا تھا — کیونکہ باپ کو بچہ چاہئے تھا۔ لیکن وہ نہیں مانی۔ پہلے تو اس نے ڈھیر ساری دوائیں کھائیں — جب اس سے بھی کچھ نہ بنا تو آپریشن کرا لیا۔ اور اب میں اس کی مہربانی سے اس کوڑے کے ڈھیر پر پڑا ہوں —" — اور وہ کسی ہیلتھ کلب یا بیوٹی پارلر میں ٹھاٹ سے بیٹھی اپنی خوبصورتی اور جوانی قائم رکھنے کے گُر آزما رہی ہوگی"۔

بچے نے ٹھنڈی سانس بھری اور چپ ہو گیا — "کیا ناجائز بچے بن بلائے ہی اس دنیا میں آتے ہیں؟" ایک ننھی سی آواز نے ان کی توجہ اپنی طرف کھینچ لی — پلاسٹر کے ٹکڑوں کے درمیان سے ایک جسم جھانک رہا تھا۔ بلکہ اسے انسانی جسم کہنا ہی ایک مذاق تھا۔ وہ تو بس نرم نرم گوشت کا ایک لوتھڑا تھا۔ ہاتھ اور پاؤں کے مقام پر اکھوے سے پھوٹنے لگتے تھے — اور سر نام کی چیز کا پتہ ہی نہیں تھا — وہاں پر گوشت کی ایک چھوٹی سی گانٹھ سی تھی — اسے دیکھ کر ایسا لگتا تھا کہ بے چارے کو ماں کی کوکھ میں رہنے کا زیادہ موقع ہی نہیں ملا — سب نے اس سے ہمدردی کا اظہار کیا تو اس نے اپنی بپتا سنائی —

"ایک مرد نے ایک بھولی بھالی لڑکی سے شادی کا وعدہ کیا۔ اور پھر اس کی خوبصورتی، لوٹ کر چلا گیا۔ صدیوں پرانی کہانی ایک بار پھر دہرائی گئی۔ گناہ کا کیڑا لڑکی کے جسم میں پلنے لگا۔ لڑکی کے ماں باپ کو کچھ سُن گُن ملی تو انہوں نے اس کی شادی دوسری جگہ ٹھہرا دی — اب بے چاری اپنے شوہر کے لئے ایک ناجائز بچہ کا تحفہ کیسے لے جاتی؟ ایک ڈاکٹرنی کو موٹی سی رقم دے کر مجھے — یعنی اس گناہ کے 'کیڑے' کو لڑکی کے جسم سے نکال کر یہاں پھینک دیا گیا — میرا کیا قصور تھا جو مجھے یہ سزا دی گئی" —

گوشت کا لوتھڑا بے آواز رو دیا۔۔۔

''غم نہ کرو بھائی۔۔۔اس سنسار میں سب کچھ ممکن ہے۔۔۔مجھے دیکھو۔۔۔میں تو جائز اولاد تھی۔۔۔لیکن مجھے اس لئے دنیا میں آنے سے روکا گیا کہ میں لڑکی تھی اور میرے ماتا پتا کو لڑکے کی آرزو تھی۔ اس لئے انہوں نے ایک بھاری رقم خرچ کر کے یہ معلوم کیا کہ آنے والا بچہ لڑکی ہے یا لڑکا؟۔۔۔اور جب ڈاکٹروں نے ماں کا چیک اپ کر کے تصدیق کر دی کہ ان کے شکم میں پلنے والا بچہ لڑکی ہے۔۔۔تو پھر انہوں نے یہ بھی پرواہ نہیں کی کہ میں ان کی پہلی اولاد ہوں۔ جھٹ آپریشن کرا دیا۔۔۔جب سے جنس کا پتہ لگانے والی مشین آئی ہے۔ حاملہ عورتوں کی لمبی لائن لگی رہتی ہے۔ سب کو اپنے ہونے والے بچے کی جنس کی فکر ہے۔ سب کو لڑکا چاہئے۔۔۔کسی کو لڑکی کی ضرورت نہیں ہے۔ پہلے تو لڑکی کو صرف بوجھ ہی سمجھا جاتا تھا۔۔۔لیکن اب تو اسے کینسر سے زیادہ خطرناک سمجھا جاتا ہے۔ جیسے کینسر کا پتہ چلتے ہی اس کا آپریشن کرا کے جسم سے الگ کر دیا جاتا ہے اسی طرح بچے کی جنس کا پتہ لگتے ہی 'لڑکی' کو ماں کے جسم سے کاٹ کر نکال لیا جاتا ہے۔ میری طرح سیکڑوں لڑکیاں پیدا ہونے سے پہلے ہی ختم کی جا رہی ہیں۔ کبھی کسی نے یہ بھی سوچا ہے کہ جب اس سنسار میں ہر طرف لڑکے ہی لڑکے ہوں گے تو انسانی نسل کا سلسلہ ہی ختم ہو جائے گا۔ پھر کیا ہوگا؟''

''میں تمہاری کہانی سنتے ہوئے سوچ رہی تھی کہ لڑکیوں کو پال پوس کے جوان کر کے ماتا پتا دان جہیز دے کر بیاہ دیتے ہیں۔۔۔اور پھر انہیں زیادہ جہیز کے لئے اذیتیں دی جاتی ہیں۔۔۔اور جب مطالبات پورے نہیں ہوتے۔۔۔تو انہیں جلا کر مار ڈالا جاتا ہے۔ اس سے تو اچھا ہی ہے کہ لڑکیوں کو پیدا ہونے سے پہلے ہی ختم کر دیا جائے۔ کم از کم ماں باپ کو جوان اولاد کا دُکھ تو نہیں سہنا پڑے گا''۔

ایک پیاری سی بچی نے گہرے دُکھ سے کہا۔۔۔گھنگھریالے بالوں والی یہ بچی اتنی مکمل تھی کہ اگر اسے چند ہفتے اور ماں کے شکم میں رہنے دیا جاتا تو وہ بے حد خوبصورت اور تندرست بچی ہوتی۔۔۔اسے دیکھ کر لگتا کہ اس کی ماں بھی بہت سُندر ہوگی۔ جب ہی تو وہ بھی ایسی کومل اور سُندر ہے۔ سب بچوں کو اس سے ہمدردی تھی۔ لیکن وہ تو ایک ہی ناؤ میں

سوار تھے — دوسروں کے لئے کر بھی کیا سکتے تھے — سوا ہمدردی اور غم گساری کے —

تم پر کیا بپتا پڑی پیاری بچی؟'' کسی نے پوچھا —

''میری ماں جہیز کم لائی تھی — نہیں — نہیں جہیز میں تو اسے ڈھیر سارا سامان ملا تھا — نقد رقم بھی تلک کے سمئے دی گئی تھی — لیکن بیاہ کے سمئے جہیز کے لالچی اپنی بات پر اڑ گئے — کہ لڑکے کو موٹر سائکل چاہئے — میرے نانا جی نے بڑی مشکلوں سے بیاہ کا انتظام کیا تھا — بے چارے گلے۔ گلے قرض میں ڈوب گئے تھے۔ اس وقت تو لوگوں کے دباؤ میں آکر انہوں نے موٹر سائکل دینے کا وعدہ کرلیا — لیکن وہ اس وعدے کو پورا نہ کر سکے — ماں کو آئے دن جہیز کی کمی کا طعنہ دیا جاتا — اور موٹر سائیکل نہ ملنے پر مارا پیٹا جاتا — وہ چپ چاپ سسرال والوں کے ظلم سہتی رہتی — لیکن غریب اور مجبور باپ سے ہر بات چھپاتی — پھر ایک روز گھر والوں نے مسکوٹ کر کے میری ماں کو چارپائی سے باندھ دیا — نند نے مٹی کے تیل کا کنستر اٹھا کر ماں کو تیل سے نہلا دیا — سسر نے ماچس دکھا دی۔ اس سمئے میرا بزدل باپ گھر پر نہیں تھا — اسے پہلے ہی بہانے سے چلتا کر دیا گیا تھا — پھر وہ سب ہی گھر کو تالا لگا کر چلے گئے — میری ماں بے چاری نہ اُٹھ کر بھاگ سکتی تھی — نہ چیخ سکتی تھی — کیونکہ اس کے منہ میں کپڑا ٹھنسا ہوا تھا۔ پڑوسیوں نے گھر سے دھواں اٹھتے دیکھ کر پولیس کو اطلاع دی۔ پولیس کے آنے تک میری ماں مر چکی تھی۔ اور ظالم اور خونی سسرال والے اسے خودکشی کا کیس بنانے میں کامیاب ہو چکے تھے۔ پولیس کو کھلا پلا کر انہوں نے سب معاملہ حسب منشاء درست کرالیا تھا۔ میرے نانا بے چارے شک وشبہ کا اظہار نہ کر سکے — کیونکہ میری صابر ماں نے کبھی ان سے اپنے اوپر ہونے والے ظلم وستم اور زیادتیوں کے بارے میں ایک لفظ نہیں کہا تھا — نتیجے میں ظالم اور قاتل صاف بچ گئے۔

میری ماں کی لاش کا پوسٹ مارٹم کیا گیا تو آپریشن کر کے مجھے نکال لیا گیا — چلو یہ بھی اچھا ہی ہوا کہ ایک اور لڑکی جل کر مرنے سے بچ گئی۔ میں زندہ رہتی تو میں بھی جہیز کی بھینٹ چڑھ جاتی — اور ماں باپ پر جہیز کا بوجھ پڑتا سو الگ۔ اس لئے جو ہوا شاید ٹھیک ہی ہوا —

اس پیاری سی بچّی کی کہانی سُن کر سارے ادھورے اور مکمل جسم کانپ اٹھے۔ اتنے میں شیشیوں کے ڈھیر سے ایک ننھی سی کھوپڑی نے جھانکا اور قہقہہ مار کر ہنس پڑی۔۔۔ اگلے ہی پل اس کا قہقہہ کوڑے والی گاڑی کی گھڑ گھڑاہٹ میں دب گیا۔

رحمان خاں نے گاڑی روکی اور اتر کر بے دلی سے ایک طرف کھڑا ہو کر بیڑی پینے لگا۔ بدلو جمعدار نے مزدوروں کو للکارا۔۔۔ ''جلدی جلدی کام ختم کرو۔ ابھی کئی اسپتالوں کا کام باقی ہے۔ ٹھیکے دار کو کام چاہئے کام''۔۔۔

مزدوروں کے پھاوڑے چلنے لگے۔ کورا کرکٹ گاڑی میں بھرا جانے لگا۔۔۔ خیراتی نے اپنے ساتھی سے کہا۔۔۔

''بھیّا میوہ لال ایک بات پر دھیان دیا ہے؟''۔۔۔

''کون سی بات بھائی،''۔۔۔

''کوڑے میں روج بے روج بچّے بڑھ رہے ہیں''۔۔۔

''ہاں بھیا۔۔۔ مانو اسپتال میں سارے ڈاگدر بس یہی کام کرتے ہیں'' میوہ لال نے دکھ سے کہا۔ اور ایک چھوٹے سے جسم کو ہاتھوں میں سنبھال کر کوڑے کی گاڑی میں ایک طرف رکھ دیا۔

ذرا سی دیر میں کوڑے کا حوض صاف ہو گیا۔ اور گاڑی سارا کوڑا کرکٹ سمیٹ کر آگے بڑھ گئی۔۔۔

☆☆

درد سے دوستی

سنگھ صاحب کا شمار خوش نصیب لوگوں میں ہوتا تھا۔ وہ ریٹائرمنٹ سے پہلے ہی اپنے سارے فرائض ادا کر چکے تھے اور جس عمر میں لوگ ذمے داریوں کے بوجھ تلے دب کر صبح سے شام تک کولہو کا بیل بنے رہتے ہیں وہ چین کی نیند سوتے تھے ورنہ ایک اپر ڈویزن کلرک کے جیون میں سکون کہاں؟ ان کی پتنی شوبھا نے بھی قدم قدم پر ان کا ساتھ دیا تھا۔ وہ بہت سگھڑ، سمجھ دار اور چلن سے چلنے والی ایک ذمے دار پتنی اور ماں تھی۔ اور پیسہ وہیں خرچ کرتی تھی۔ جہاں اس کی ضرورت محسوس کرتی تھی۔ ان کا رہن سہن بھی اوسط درجے کا تھا۔ کیونکہ پتی اور پتنی دونوں ہی زمانے کی ریس میں شامل نہیں تھے۔ نہ کسی کی حرص کرتے تھے۔ نہ کسی کا مقابلہ کرنے میں ہلکان ہوتے تھے۔

ورما صاحب کے یہاں نیا صوفہ سیٹ آیا تو پڑوسیوں میں ہلچل مچ گئی۔ ان کی راتوں کی نیندیں حرام ہوگئیں۔ جب تک ان کے گھر اس سے بہتر صوفہ سیٹ نہیں آ گیا، انہیں چین نہیں آیا۔ ماتھر صاحب نے ٹی وی لیا تو پڑوسیوں میں حسد کی لہر دوڑ گئی۔ ان دنوں بلیک اینڈ وہائٹ ٹی وی نیا نیا آیا تھا۔ اور ماتھر صاحب پہلے خوش نصیب انسان تھے۔۔ جنہیں یہ فخر حاصل ہوا تھا۔ پہلے بچے مارے شوق کے چترہار اور فلم دیکھنے جاتے تھے۔ بچوں کو بلانے کے بہانے مائیں بھی پروگرام دیکھنے جانے لگیں۔ مسز ماتھر بڑی خندہ پیشانی سے سب کی خاطر مدارات کرتیں۔ لیکن جب ان کے قیمتی کارپٹ پر چائے اور شربت کے داغ نظر آنے لگے اور صوفوں کے پیچھے مونگ پھلی کے چھلکوں کی ڈھیریاں دکھائی دینے لگیں

ساتھ ہی اچھا بھلا صوفہ سیٹ زندگی ہارنے لگا تو ان کا سارا غرور اور خوش مزاجی رخصت ہوگئی۔ بہت سوچنے کے بعد انہیں ایک ترکیب سوجھی۔ وہ پروگرام شروع ہونے سے پہلے اپنا گھر بند کر کے بھائی کے ہاں چلی جاتی تھیں۔ ان کی یہ ترکیب کارگر ثابت ہوئی اور پڑوسیوں سے جان چھوٹی —— لیکن بچوں نے ماں باپ کا ناک میں دم کر دیا۔ اور دھیرے دھیرے ہر گھر میں نیا یا پرانا ٹی وی آ گیا۔ صرف سنگھ صاحب کا گھر ایسا تھا۔ جہاں اب تک ٹی وی نہیں آیا تھا۔ اور نہ ہی ان کو اس کی فکر تھی۔ اوّل تو یہ خیال تھا کہ بملا اور گوتم کی پڑھائی کا حرج ہوگا۔ دوسری بات یہ تھی کہ وہ لوگ اپنی چادر دیکھ کر پاؤں پھیلانے کے قائل تھے۔ اس کا نتیجہ بھی بے حد خوش گوار نکلا۔ بملا کے بی اے کرتے ہی اس کا بیاہ کر دیا۔ گوتم بھی ایم کام کر کے بینک میں ملازم ہو گیا۔ اور اس کا گھر بھی بسا دیا۔ بیٹا اپنی بیوی کو لے کر ملازمت پر سدھارا تو ان دونوں نے بھگوان کا شکر ادا کیا۔ اب نہ کوئی چنتا تھی اور نہ ہی کوئی ذمّے داری۔ جب کہ سنگھ صاحب کے ریٹائرمنٹ میں ابھی دو سال باقی تھے۔ یعنی راوی چین لکھ رہا تھا۔

وہ سویرے حسبِ معمول سیر کرنے جاتے تھے۔ واپس آ کر ناشتہ کرتے اور لنچ باکس لے کر آفس چلے جاتے۔ شوبھا گھر کے کام کاج میں مصروف ہو جاتی۔ وہ دُبلی پتلی لیکن پھُرتیلی عورت تھی۔ سنگھ صاحب کا بدن البتہ ذرا بھاری ہو گیا تھا— لیکن صحت اچھی تھی۔ ان کے بالوں میں بھورا پن ضرور آ گیا تھا۔ اور لکھتے پڑھتے وقت وہ نظر کا چشمہ بھی لگانے لگے تھے۔ یہ سب تو بڑھتی عمر کا تقاضہ تھا جب کہ ان کے ساتھ کام کرے والے ذمّے داریوں کے بوجھ تلے دبے ہوئے تھے۔ بچوں کی پڑھائی۔ اور شادی بیاہ کی فکر کے ساتھ خریدے گئے گھر کی قسطیں ادا کرتے کرتے وقت سے پہلے ہی بوڑھے ہو چلے تھے۔ سنگھ صاحب کا گھر پرانا ضرور تھا۔ لیکن اپنا تھا۔ ہر سال دو چار ہزار روپۓ اس کی دیکھ بھال پر خرچ ہو جاتے تھے۔ تو کیا ہوا مکان کی زندگی بھی کچھ اور بڑھ جاتی تھی۔ اور یہ سودا برا نہیں تھا۔

ایک صبح— وہ سو کر اٹھے تو داہنے کاندھے میں کچھ تکلیف محسوس ہوئی۔ شاید داہنی کروٹ سونے کی وجہ سے ہاتھ دب گیا تھا۔ انہوں نے کوئی خاص فکر نہیں کی اور آفس چلے

گئے۔ لیکن سارا دن رہ رہ کر کاندھے میں ٹیسیں سی اٹھتی رہیں۔ سوچا تھا کہ معمولی سا درد ہے خود بخود ٹھیک ہو جائے گا۔ مگر ایسا نہیں ہوا۔ اور کئی دن تک درد سے آرام نہیں ملا۔ تب انہوں نے گھر میں رکھی دھری دوائیں آزمانے کا فیصلہ کیا۔ شوبھا نے انہیں دوا کی شیشیاں ادھر ادھر کرتے دیکھا تو پوچھا۔

''آپ کیا ڈھونڈھ رہے ہیں۔؟''

اسے بے ترتیبی پسند نہیں تھی۔

''کوئی بام وغیرہ ہوگا؟'' شرما کر پوچھا۔

''بام کیا کریں گے؟''

''کئی دن سے ہاتھ میں درد ہو رہا ہے''۔ بتایا۔۔۔

''کہاں؟''۔۔۔

''داہنے کاندھے میں''۔۔۔

''آپ نے پہلے کیوں نہ بتایا۔ خواہ مخواہ درد کو بڑھاتے رہے۔ اس نے شکوہ کیا اور الماری سے بام کا ٹیوب نکال کر کہا۔

''آپ آرام سے بیٹھ جائیں۔ اور شرٹ اتار دیں۔ میں بام لگائے دیتی ہوں۔ ذرا دیر میں آرام آجائے گا۔'' ۔۔۔

سنگھ صاحب نے شرٹ اتار دی۔ شوبھا نے انگلیوں پر بام لے کر کاندھے پر ملنا شروع کیا۔ اور ان سے درد کی جگہ پوچھ کر اوپر نیچے ۔۔۔ داہنے بائیں بام ملتی رہی۔ پہلے تو انہیں ایسا لگا جیسے کسی نے مرچیں تھوپ دی ہوں ۔۔۔ عجیب سی جلن اور سنسناہٹ ہو رہی تھی۔ رفتہ رفتہ ٹھنڈک سی پڑنے لگی۔ اور درد میں بھی آرام ملا ۔۔۔ بام نے جادوئی اثر کیا تھا۔۔۔۔ لیکن یہ آرام بس وقتی تھی۔ جب تک بام کا اثر رہتا، درد میں بھی کمی رہتی۔ جب بام کا اثر ختم ہو جاتا تو تکلیف بڑھ جاتی۔ چند روز میں یہ حال ہو گیا کہ درد کاندھے سے لے کر پشت کے ایک بڑے حصے تک پھیل گیا۔ مجبوراً انہوں نے ڈاکٹر کو دکھایا۔ ڈاکٹر نے کھانے کے لئے دوائیں دیں۔ ایک ٹیوب لگانے کے واسطے دیا۔ اور لاہوری نمک سے سینکنے کی ہدایت دی۔

ایک ہفتے کے بعد دوبارہ دکھانے کے لئے کہا۔

سنگھ صاحب کو ذرا اطمینان ہوا کہ با قاعدگی سے علاج ہوگا تو ہفتہ عشرہ میں درد سے نجات مل جائے گی۔ اور ایسا ہی ہوا۔ ڈاکٹر کو دوبارہ دکھایا تو اس نے بھی — اطمینان ظاہر کیا۔ اور مزید ایک ہفتے دوائیں استعمال کرنے کو کہا۔ دو ہفتے کے علاج کے بعد سنگھ صاحب نے دوا کھانا بند کر دی اور معمول کے مطابق فرائض انجام دینے لگے۔ کئی سو روپے خرچ ہو گئے تھے۔ لیکن تکلیف ختم ہو گئی تھی شوبھا نے بھگوان کا شکر ادا کیا۔ وہ ان کی طرف سے بہت فکر مند رہنے لگی تھی۔ لیکن شاید درد کو بھی سنگھ صاحب کی لاپرواہی کا انتظار تھا۔ پہلے ہلکا، ہلکا درد شروع ہوا، دھیرے دھیرے بڑھنے لگا۔ شوبھا پریشان ہو گئی۔ ''کیا درد ہو رہا ہے؟۔ دریافت کیا۔

''ہاں۔ بہت زیادہ۔ لگتا ہے کاندھے کی ہڈی چٹخی جا رہی ہے۔ اس بار تکلیف برداشت سے باہر ہو گئی ہے۔''

سنگھ صاحب نے ضبط کرنے کی کوشش کی، لیکن پھر بھی سِسکاری نکل گئی۔ شوبھا نے کہا۔

''میری مانئے تو اسپتال میں دکھا دیجئے۔ یہ ڈاکٹر تو بس لوٹتے ہیں۔ مریض مرے یا جئے ان کی بلا سے''۔

''ہاسپٹل میں وقت بہت خراب ہوتا ہے۔ لاپرواہی الگ ہوتی ہے۔ مہینوں میں جا کر آرام ملے گا۔ یا وہ بھی نہیں۔''

سنگھ صاحب اسپتال سے بہت گھبراتے تھے۔

''آپ لمب سنٹر میں دکھا دیجئے۔'' مشورہ دیا۔

''وہیں جہاں مصنوعی ہاتھ پاؤں لگائے جاتے ہیں؟''

''علاج بھی کیا جاتا ہے۔ مسز پوار کا درد وہیں کے علاج سے ٹھیک ہوا تھا —''

شوبھا نے بتایا۔

''تم کہتی ہو تو وہیں دکھا لیتے ہیں۔''

"آپ ذرا نہ گھبرائیں۔ میں خود آپ کے ساتھ چلوں گی"

شوبھا نے تسلی دی۔ سنگھ صاحب بہ مجبوری رضامند ہو گئے۔ دوسرے دن دونوں لمب سنٹر گئے۔ پہلے پرچہ بنوایا۔ پھر ڈاکٹر کے کمرے کے سامنے بنے ہوئے بڑے سے ہال میں دوسرے مریضوں کے ساتھ بیٹھ گئے۔ مریضوں کی تعداد دیکھ کر ان کا منہ بن گیا۔ سوچا کہ دو گھنٹے سے پہلے ان کا نمبر نہیں آئے گا۔ وارڈ بوائے نے سارے مریضوں سے پرچے لے کر ڈاکٹر صاحب کی میز پر رکھ دیئے۔ سنگھ صاحب کا نمبر آیا تو وہ ڈاکٹر کے کمرے میں گئے۔ بڑے ڈاکٹر نے ان کا حال سنا پھر جونیئر ڈاکٹر سے انگریزی میں کچھ کہا۔ جو ان کے پلے نہیں پڑا —— جونیئر ڈاکٹر نے ان کا ہاتھ اوپر نیچے کیا۔ پھر داہنے بائیں حرکت دی۔ لیکن جب اس نے ان کا ہاتھ پشت کی طرف موڑا تو ان کی چیخ نکل گئی۔ پھر بڑے ڈاکٹر نے کاندھا دبا کر دیکھا۔ اور نسخہ لکھ کر ان کے حوالے کر دیا۔ کہا

"یہ دوائیں آپ بازار سے خرید لیں۔ یہاں روز آ کر آپ کو سِنکائی کرانا ہوگی۔ اور کچھ ضروری ورزشیں بھی کرنا ہوں گی۔ یہ ٹریٹ منٹ آج ہی سے شروع کر دیں" ——

سنگھ صاحب وارڈ بوائے کی رہنمائی میں ایک کشادہ کمرے میں گئے۔ یہاں اور لوگ بھی موجود تھے۔ اور مختلف طریقوں سے ان کی سنکائی کی جارہی تھی۔ کوئی پشت کے بل بیڈ پر لیٹا تھا۔ کوئی کرسی پر نیم دراز تھا۔ آیا نے انہیں بھی ایک کرسی پر بٹھا دیا۔ قریب ایک حوض نما برتن میں پانی بھرا تھا۔ جو بجلی کے ذریعے کھول رہا تھا۔ اور اس چھوٹے سے جستے کے حوض میں موٹے موٹے پیڈ پڑے تھے۔ آیا نے پلائر کی مدد سے ایک پیڈ نکالا۔ اور اسے ایک صاف موٹے کپڑے کی کئی تہوں میں لپیٹ دیا۔ پھر اس کو ان کے کاندھے پر رکھ دیا شوبھا پاس ہی کھڑی تھی اس سے کہا۔ "آپ اس پیڈ کو درد کی جگہ رکھ کر ذرا سا دبایئے۔ پھر اسے اوپر نیچے کرتی جایئے۔ جب یہ پیڈ ٹھنڈا ہو تو کپڑے کی ایک تہہ کھول دیجئے گا۔ تاکہ اندر سے گرم پیڈ نکل آئے۔ اور سینک پہنچتی رہے۔"

آیا دوسرے مریض کی طرف متوجہ ہو گئی۔ شوبھا اس کی ہدایت کے مطابق سنگھ صاحب کے کاندھے اور پشت کی سنکائی کرتی رہی۔ انہیں بہت آرام مل رہا تھا۔ تقریباً آدھا

گھنٹہ سِنکائی کرنے کے بعد وہ ساتھ والے دوسرے کمرے میں گئے۔ یہاں ورزش کے آلات رکھے تھے۔ ڈیوٹی پر موجود فزیوتھریپسٹ نے نسخے کے مطابق ان سے مختلف ورزشیں کرائیں۔ انہیں یہ دیکھ کر بڑی ہنسی آئی کہ ایک سوٹیڈ بوٹیڈ ادھیڑ عمر کے صاحب سائیکل چلا رہے ہیں۔ سائیکل ایک جگہ فرش میں نصب تھی۔ اور وہ صاحب بڑے انہماک سے سائیکل کے پیڈل پر پاؤں مار رہے تھے ایک نوجوان دیوار میں نصب پہیہ گھما رہا تھا۔ ایک اور صاحب لکڑی کے پلر پر بیلن جیسی ایک چیز اوپر سے نیچے لے جا رہے تھے۔ ان سے بھی وہی ملتے جیسا عمل کرایا گیا۔ اور موٹی سی رسّی کو پکڑ کر دونوں ہاتھوں سے کھینچنا پڑا۔ پھر پہیہ چلوایا گیا۔ پچیس تیس منٹ کی ورزش کے بعد انہیں چھٹی دے دی گئی۔ اب وہ دوائیں استعمال کرنے کے ساتھ روزانہ لمب سنٹر جانے لگے۔ سنکائی اور ورزش کا عمل جاری رہا۔

انہوں نے آفس سے چار دن کی چھٹی لی تھی۔ چھٹی ختم ہوگئی تو انہوں نے آفس جانا شروع کر دیا۔ اب تک روز شوبھا ان کے ساتھ جاتی تھی۔ لیکن جب وہ وہیں سے آفس جانے لگے تو شوبھا کو منع کر دیا۔ اور تنہا ہی لمب سنٹر جانے لگے۔ تین ہفتے کے علاج کے بعد ان کی تکلیف بالکل ختم ہوگئی اور درد سے نجات ملی۔ اب وہ پہلے کی طرح سویرے ٹہلنے جاتے پھر ناشتہ کر کے آفس چلے جاتے۔ سب کچھ پہلے جیسا ہو گیا تھا۔ لیکن شاید ایسا نہیں تھا۔ انہیں اپنی زندگی میں ایک 'کمی' کا احساس ہونے لگا تھا۔ جیسے کچھ گم ہو گیا ہو۔ کھو گیا ہو۔ کیا کھو گیا تھا۔ کیا گم ہو گیا تھا۔ یہ ان کی خود سمجھ میں نہیں آ رہا تھا۔ شوبھا نے بھی ان کی اس تبدیلی کو محسوس کیا۔ پوچھا—

''کیا بات ہے۔ کوئی پریشانی ہے، درد، ورد تو نہیں ہو رہا ہے؟''—

اس کے لہجے میں تشویش پائی جاتی تھی۔ انہوں نے نفی میں سر ہلا دیا۔

''پھر کیا بات ہے۔ آپ چپ چپ کیوں رہتے ہیں؟''—

سنگھ صاحب نے بیوی کی تسلّی کے لئے اپنا ہاتھ اوپر نیچے کیا۔ پھر اسے پشت کی طرف لے گئے۔ لیکن درد کا نام ونشان تک نہیں تھا۔ اب وہ اسے کیسے سمجھاتے کہ اُنہیں اپنی ذات کچھ ادھوری سی لگتی ہے۔ ہر وقت ایک خلاء سا محسوس ہوتا ہے۔ بظاہر زندگی کے

معمولات وہی تھے۔ پھر بھی بہت کچھ نہیں تھا۔

ایک صبح وہ سو کر اٹھے تو داہنا کاندھا درد کر رہا تھا۔ انہوں نے بائیں ہاتھ سے اپنا کاندھا دبایا— اور سکون کی سانس لے کر بستر سے نیچے اترے۔

یہی تو تھا جو گم ہو گیا تھا— یہ درد جو مہینوں ان کا رفیق رہا تھا۔ اور وہ اس درد کے ساتھ زندگی جینے کے عادی ہو گئے تھے۔ درد ختم ہوا تو کچھ کھونے کا احساس بڑھ گیا۔ ہر پل، ہر لمحہ انہیں اسی کا خیال رہا تھا۔ ''کم ہو گیا ہے— بڑھ گیا ہے۔ اس کروٹ لیٹنے سے آرام ملتا ہے۔ اس کروٹ لیٹیں تو تکلیف بڑھ جاتی ہے—— ہے— نہیں ہے—— درد کی رفاقت کا اپنا ایک مزہ تھا۔

انہوں نے بہت لہک کر شوبھا کو پکارا۔ وہ ساڑی کے پلّو سے ہاتھ پونچھتی ہوئی کچن سے باہر آئی۔ پوچھا— ''کیا بات ہے؟''—

''آج پھر درد ہو رہا ہے'' بتایا۔ جیسے کوئی خوشخبری سنا رہے ہوں''

''کچھ سمجھ میں نہیں آتا کہ اتنے دن کے بعد دوبارہ کیسے——؟''

''آپ آج ہی لمب سینٹر چلے جایئے''—— مشورہ دیا۔

''اتنی جلدی بھی کیا ہے؟۔ کسی دن چلے جائیں گے''—

لاپرواہی سے کہہ کر باتھ روم کی طرف بڑھ گئے۔ ان کے دل میں ڈھیروں سکون اُتر آیا تھا—— اور ہونٹوں سے لذت میں ڈوبی کراہیں نکل رہی تھیں۔ درد بتدریج بڑھتا جا رہا تھا۔ لیکن پرانی دوستی کے 'ناطے' بھی تو اتنے کمزور نہیں تھے کہ وہ اسے فوراً بھگانے کے بارے میں سوچتے کچھ دن اس کے ساتھ جی لینے میں کیا حرج تھا''۔

ڈھلتی عمر میں بعض رفاقتیں ایسی بھی ہوتی ہیں جو اگر نہ ہوں تو زندگی میں کوئی کشش نہ رہے۔ اور وہ اس درد کے ساتھ جینے کے لئے دل و جان سے تیار تھے۔ دوستی جو ٹھہری!

☆☆

منتخب یادگار افسانوں کا ایک اور مجموعہ

کھوٹا سکہ

مصنفہ : مسرور جہاں

بین الاقوامی ایڈیشن جلد منظر عام پر آ رہا ہے